나의 프랑스식
서재

일러두기

1. 이 책은 1988년부터 2012년까지 지은이가 번역한 책들에 붙인 옮긴이의 말을 모은 것으로 현재 절판된 책들도 있습니다.

2. 본문 중 '책 속에서'는 지은이가 번역한 책에서 독자들과 나누고 싶은 문장들을 발췌한 것입니다. 발췌와 수록을 허락해준 각 출판사에 감사의 마음을 전합니다.

3. 단행본은 장편과 단편모음집의 경우 홑꺾쇠표(〈 〉), 단편의 경우 작은따옴표(' ')를, 정기간행물은 겹꺾쇠표(《 》)를, 그리고 영화와 미술작품명은 낫표(「 」)를 사용했습니다.

나의 프랑스식 서재

Bibliothèque à la Française d'une Traductrice

김남주
번역
에세이

이봄

이 책을 나의 가장 좋은 친구였던
사랑하는 동생 김남령(1963~2011)에게 바친다.
이제 그는 내 스승이다.

첫 책을 내면서

2001년 가을, 프랑스 아를의 번역자회관CITL의 널찍한 식당, 저녁 무렵 코트뒤론 한 잔과 함께 시작된 아네크와의 토론은 밤이 깊도록 계속되었다. 네덜란드어 번역자인 아네크는 당시 카미유 클로델의 전기를 쓰기 위해 자료를 모으고 있었다. 그날 나는 아침 일찍부터 서둘러 기차를 타고 세트Sète에 다녀온 참이었다. 하루종일 모습이 보이지 않아서 궁금했다는 그녀에게 발레리의 무덤에 다녀왔노라고, 한때 그는 나의 영웅이었노라고 대답하자 아네크는 반색을 했다. 자신이 폴 발레리의 시들을 네덜란드어로 번역했으며, 발레리는 과거에도 현재에도 그녀의 영웅이라는 것이다. 〈젊은 파르크〉를 두고 이런저런 이야기를 한 것까지는 좋았는데, 지나치게 칭찬과 경도 일색인 그녀에게 내가 불쑥 이렇게 말해버렸다. "근데 말이야, 난 발레리의 시는 엄밀한 의미에서 시가 아니라고 생각해."

  나 역시 발레리의 257권의 노트에 경외감을 품고 있고 언어에 대한 그의 치열한 노력에 찬탄과 경의를 금할 수 없지만, 조르주 브라상스의 무덤을 도시 반대편에 두고 해변의 묘지로 향하는 언덕을 올라 묘비를 하나하나 확인하며 가슴을 두근거렸지만, 그럼에도 불구하고 그의 시를 번역하는 동안 줄곧 '감동의 전율' 속에 잠겨 있었다는 아네크의 말에는 나도 모르게 "위, 비엥쉬르 튀 아 레종 쉬르 스 푸앵, 메… Oui, Bien-sûr tu as raison sur ce point, mais…"라는 말이 튀어나왔다.

아네크의 열띤 반박과 나의 집요한 "그래, 그 점에선 네 말이 맞아. 하지만…"의 행렬이 자정을 넘길 때까지 미하일과 메디와 아담은 우리 주위를 떠나지 않았다. 조르주 바타유의 〈에로티즘〉을 체코어로 옮긴 미하일은 당시 영화에 빠져 있었고, 마르셀 프루스트의 〈잃어버린 시간을 찾아서〉를 이란어로 옮긴 메디는 내가 아는 한 가장 박식한 사람이었으며, 난해한 이브 본푸아를 폴란드어로 번역한 아담은 시에 대해 할 말이 많은 사람이었다. 그밖에도 스페인 번역자 미겔, 키에프 출신 아나톨 페레파디아도 곁에 있었던 것 같다.

그들 모두는 잔이 비면 각자 조용히 자기 잔에 포도주를 따랐을 뿐, 〈젊은 파르크〉부터 〈매혹〉으로 이어지는 우리의 토론에 결코 끼어들지도, 그렇다고 자리를 뜨지도 않았다. 마침내 나의 공손한 집요함에 지친 아네크가 의견을 구했을 때 나온 미하일의 한마디. "폴 발레리의 시는 시가 아니야. 그건 아름다운 수학의 일종이야."

그 가을의 한 달여 동안 나는 프랑스어로 쓰인 글을 우리말로 옮기는 내 일에 대한 자부와 정체성을 얻었다. 로만어를 우랄알타이어로 옮기는 일은 그 거리만큼 아득했지만, 말의 봇짐을 끌고 먼 길을 걸어온 것이 헛일이 아니었다는 벅찬 깨달음을 얻었다. 그곳에서 만난 20여 명의 번역자들… 남의 문화에 따뜻하게 열려 있는, 그토록 질 좋은 인간들을 한꺼번에 만난 것은 내 삶에서 그때가 처음이었다.

2012년 여름, 나는 짐가방을 들고 끙끙거리며 빙빙 돌아가는 번역자회관의 돌계단을 오르고 있었다. 반 고흐 광장의 그곳은 과거 시청이었다가 정신병원으로 바뀌어 고흐가 펠릭스 레이의 진료를 받은 것으로 유명한 바로 그 건물에 있다. 에스컬레이터나 엘리베이터는 당연히 없고 원형으로 돌아가는 돌시멘트 계단은 꽤 가파르다. 이메일로 전달받은 코드를 누르고 널찍한 식당을 지나 숙소로 통하는 문을 열었을 때, 안에서 나오던 검은 터틀넥 셔츠를 입은 백발의 남자가 소리쳤다. "엉팽, 트 브왈라!" 아담이었다. 숙소 문 앞에 붙어 있는 거주(예정)자 명단을 보고 그는 내 도착을 미리 알고 있었다고 했다. 나는 그렇게 11년 만에, 폐암 수술을 받고 회복중인 아담을 만났고, 미하일이 두 아이의 아버지가 되었으며, 메디가 2년 전 심장마비로 세상을 떠났다는 소식을 들었다.

그곳에서 두 달을 머물며 새롭게 만난 사람들, 엘레나, 아드리엔, 보이체크, 레벤타르, 알레슈, 잉타, 소피, 폴라… 우리의 수다와 토론은 차가운 로제 포도주와 머리카락 속까지 파고드는 끈질긴 프로

방스 모기와 더불어 밤이 깊도록 계속되었다. "번역이란 말의 무게를 다는 것, 저울의 한쪽에 원문을, 다른 한쪽에 옮겨놓은 말을 올려놓고 어느 쪽으로도 기울어지지 않도록 하는 것"(발레리 라르보), "부정한 미녀냐 충실한 추녀냐", "중요한 건 직역이냐 의역이냐가 아니라 요컨대 역자의 관점"이라는 진지한 토론이 이어지다가 경제적인 관점에서 번역이란 "값비싼 취미"라는 라트비아 번역자 잉타의 뼈있는 농담에 모두 웃음을 터뜨렸다. 그렇게 10여 년의 간격을 두고 이루어진 두 번의 아를 체류는 번역자로서의 내 정체성을 확인시켜주었다.

    20대 후반부터 30대, 40대를 살아오는 동안 번역은 내 밥벌이었다. 그러나 나는 줄곧 이 일을 내 삶의 징검다리 같은 것이라고 여겼다. 강 저편으로 가기 위해 딛고 가는. 오랫동안 내 시선은 내가 딛고 있는 그 징검다리가 아니라 내가 당도해야 할 강 저편 기슭에 고정되어 있었다고 고백한다. 문화와 정신을 전달한다는 감동과 자부는 대개는 무능과 게으름과 악조건 속에서 사그라들고, 표현과 내용의 좌충우돌 속에서 많은 밤들을 새웠다. 저울의 한쪽에 착실히 말들을 올려놓으며 한 권의 번역을 마치고 나면 머릿속 말들이 모두 빠져나간 듯 일상적인 대화조차 더듬고 버벅대고 순서를 바꾸기 일쑤였다.

    그럴 때면 백석을, 박두진을, 이문구를, 김우창을 읽었다. 출판 번역이 외국어 책을 '읽을' 수 있는 사람이라면 누구나 할 수 있는 것으로 간주되고, "직장 그만 두고 번역이나 하지, 뭐"라는 말이 쉽게 나오는, 그러니까 그 흔한 번역으로 밥벌이를 하면서 번역자로서의 나의 정체성은 오랫동안 부재중이었다. 아를의 그곳에서 같은 고민을 안고 있는 이들을 만나기 전까지는.

    이 책은 그렇게 번역한 책들에 실린 '옮긴이의 말'을 모은 것이다. 보들레르의 '글팔기'賣文, prostitution를 연결 지으면서 다분히 '자조적으로' 쓰던 옮긴이의 말이 어느 순간 진지한 기쁨이 되기 시작했는데 그건 이름 모를 독자들 덕분이다. 책 좋았다고, 글 잘 읽었다고, 지금 자신을 돌아보게 되었다고 전화로, 편지로, 메일로 어렵게 말해준 낯모르는 이들, 아주 오랜만에 소식을 전해준 지인들. 막상 짤막하게 책 얘기를 나누고 나면 할 말이 없어지고 머쓱한 침묵이 흘렀다.

    거기에는 저자가 아닌 역자로서 당연히 느껴야 했던 자격지심도 한 자리를 차지했다. 역자와 독자 사이를 흐르던 그 침묵에게 내가 할 수 있는 게 없을까, 궁리했더랬다. 그동안 두어 차례 옮긴이의 말을 모아 책을 내자는 제안이 있었으나, 정말 그래도 될 거라는 생각이 든 것은 고미영 대표의 나직한 이야기를 들으면서였다. 섣부르게 받아들인 칭찬은 스치기만 해도 정신을 죽이는 독이라 했던가. 부디

이 느린 책에 담긴 선의가 지적 허영의 허물을 덮을 수 있기를.
 여기 책과 더불어 살아온 내 젊은 시간의 기록이 있다. 문학의 천형에 묶여 있기만 했을 뿐 머릿속의 텍스트를 도무지 옮겨내지 못했던 파리한 수인의 어정쩡한 자기 표출이 있다. 그동안 나는 그저 이렇게밖에 살지 못했다. 문학이 영혼의 진화에 기여하는 가장 정치한 방법이라고 믿으면서도, 느리고 답답해 내 안에 고인 것을 이렇게밖에 길어내지 못했다. 이제 삶의 반환점을 돌아 남기는 일의 무상함과 중요함을 함께 깨닫는 나이가 되어, 허튼 소리를 덜할 수 있는 나이가 되어 책을 내게 되었다고 안도하면서도, 과연 이런 단상들이 결과적으로 나무를 소비하는 일에 상응하는 의미를 지닐 수 있을지 조심스럽다. 그래서 아아, 한탄하고, 그러나 흐음, 용기를 낸다. 이제부터 내 고운 그대의 귀에 속삭이게 될 것이 나 자신도 궁금해서.

2013년 봄
김남주

다시 보르헤스를 기억하면서

"내 근심 너머에서,
이 글쓰기 너머에서, 우주가 기다린다,
지치지 않고,
어서 오라 손짓하면서."

차 례

첫 책을 내면서 006

1장 사랑, 그 성스럽고 치명적인 탐닉

머릿속에 빨간 불이 켜지는 각성의 '엔딩' 023
〈브람스를 좋아하세요...〉, 프랑수아즈 사강

자기와 타인, 낙원이 깨어지고 지옥이 멀지 않다 034
〈오후 네시(반박)〉, 아멜리 노통브

그가 나의 이름을 불러주면 041
〈로베르 인명사전〉, 아멜리 노통브

색과 계, 그리고 붙들림 047
〈그리고 투명한 내 마음〉, 베로니크 오발데

진지한 프랑스어로 써내려간 '사랑과 영혼' 054
〈이제 사랑할 시간만 남았다〉, 안느 그로스피롱

맨해튼의 빌딩 숲속에서 만나는 탈미국적인 사고 059
〈모든 여자는 러시아 시인을 사랑한다〉, 엘리자베스 던켈, 이경숙·장희숙 옮김
〈하얀 모슬린 커튼〉, 엘리자베스 던켈

2장 문학, '지금 여기'를 넘어서서

재창조된 세계, 그 의미부여와 잊히지 않는 것으로 만들기 075
〈페스트·추락〉, 〈이방인·행복한 죽음·유형과 왕국〉, 알베르 카뮈

상처를 경유함으로써 풍경이 바뀐다면 082
〈새들은 페루에 가서 죽다〉, 로맹 가리

내가 받은 고통의 대가로 한 권의 책을 088
〈가면의 생〉, 에밀 아자르

노년과 죽음, 그리고 사랑과 언어 094
〈솔로몬 왕의 고뇌〉, 에밀 아자르

애정과 통찰로 문학의 또 다른 진정성에 다가서다 104
〈몇 사람 작가에 대한 성찰〉, 장 그르니에

다시, 잃어버린 시간을 찾아서 112
〈밤이 낮에게 하는 이야기〉, 〈아주 느린 사랑의 발걸음〉, 엑토르 비앙시오티

저녁은 하루의 끝이 아니다 121
〈남아 있는 나날〉, 가즈오 이시구로, 송은경 옮김, 김남주 해설

'그랬다'와 '그랬을 수도 있다'의 차이에 대하여 130
〈나를 보내지 마〉, 가즈오 이시구로

결코 눈부시지 않지만 너무 어둡지 않고, 지루하게 반복되지만 한순간
벅차게 아름다운 137
〈녹턴〉, 가즈오 이시구로

쓰인 것보다 쓰이지 않은 것으로, 문장보다 행간으로
'인과의 고리'를 찾다 145
〈창백한 언덕 풍경〉, 가즈오 이시구로

파리, 작은 호텔방, 주어진 시간은 나흘, 이제 그는 긴 이야기를
시작한다 151
〈동쪽의 계단〉, 아민 말루프

4,000광년 떨어진 고치 성운에서 쏘아보내는 빛이 영원히
'현재'인 이유 155
〈4의 비밀〉, 프레드 바르가스

치밀하고 처절하게 펜으로 '인간'을 파헤치다 159
〈밤의 실종〉, 안 크펠렉

3장 내 안의 니콜라에게 말 걸기

눈이 아니라 마음으로 보면 167
〈어린왕자〉, 앙투안 드 생텍쥐페리

웃음 속에서 반짝이는 눈물 176
〈나의 아빠 닥터 푸르니에〉, 장루이 푸르니에

살해해야 할 '부성'의 불완전성 앞에서 179
〈꿈꾸는 소년 푸르니에〉, 장루이 푸르니에

자본주의의 정글에서 타인을 먹지 않으려면 182
〈새 삶을 꿈꾸는 식인귀들의 모임〉, 파스칼 브뤼크네르

계몽의 교육에 대한 원거리 인공호흡 188
〈35kg짜리 희망덩어리〉, 안나 가발다

신나는 꿈을 위해 잠들기 전에 읽는 침대 이야기 191
〈침대 이야기〉, 실비아 플라스

4장 그림과 음악과 사람에, 마음을 두다

현대미술을 제대로 이해하는 믿을 만한 방법 하나 199
〈창조자 피카소〉, 피에르 덱스

싫어할 수는 있지만 간과해서는 안 되는 206
〈달리〉, 로버트 래드퍼드

천년 미술을 깬 사과 한 알과 침묵하는 생트빅투아르 209
〈세잔, 졸라를 만나다〉, 레몽 장

짧고 주관적이지만 아찔하게 열정적이고 감동적인 214
〈페기 구겐하임 자서전〉, 페기 구겐하임

음악, 그 돌려세우는 시간에 대한 해석 219
〈엘렌 그리모의 특별수업〉, 엘렌 그리모

전기보다 자유롭게, 감상보다 깊이 있게 223
〈모차르트 평전〉, 필립 솔레르스

5장 발길 닿는 대로 걸어도

문장의 미궁 속을 돌아나온 생태학적 에세이 233
〈진정한 부〉, 장 지오노

그래도, 노엄 촘스키와 하워드 진을 가진 나라 237
〈미국 미국 미국〉, 에드워드 베르

'해석'은 틀릴 수 있지만, 그 구리 대야에는 '실상'이 비쳤다 241
〈노스트라다무스 새로운 예언〉, 장사를 드 퐁브륀

단숨에 인간이라는 종의 함량을 높이다 246
〈마음을 다스리는 간디의 건강철학〉, 모한다스 K. 간디

침 발라 눌러쓴 투박한 글에 기존의 문학이 길을 묻다 250
〈그러나 삶은 지속된다〉, 마샤 스크리푸치 엮음

서재 모퉁이 261

1장

사랑,

그
성스럽고
치명적인
탐닉

내가 처음으로 '앗, 이건 정말이지 프랑스식 사랑이군' 하고 느꼈던 것은 어찌 보면 당연하게도 스탕달의 〈적과 흑Le Rouge et le Noir〉에서였다. '19세기 프랑스 사회사'라는 부제가 말해주듯, 7월혁명 전야를 배경으로 한 근대인의 탄생을 보여주고 있는 이 소설에서 내 마음을 쥐었다 놓은 것은, 쥘리엥 소렐의 놀라운 기억력도, 그의 치열한 출세욕도, 마틸드와의 밀고당기는 심리전도 아니었다. 쥘리엥을 만났을 때 이미 아이가 셋인 귀족 사회의 유부녀로 서른을 넘긴 레날 부인의 사랑이었다.

1969년 파리에서 인쇄된 가르니에판 26페이지에서 시작하는 레날 부인에 대한 묘사를, 나는 1982년 가을이 다 가도록 줄곧 중얼거리고 다녔던 것 같다. "아베크 라 비바시테 에 라 그라스 키 뤼 에테 나튀렐 캉텔 에테 루앵 데 르가르 데 좀므, 마담 드 레날 소르테 파르 라 포르트 프네트르…" 열 몇 살 연하에다 사회적 신분이 한참 처지는 쥘리엥 소렐에게 마음을 주고 결국은 그 사랑으로 자신과 상대의 삶을 사름으로써 이 소설을 불멸의 걸작으로 만드는 레날 부인의 대책 없는 사랑에 경도되었던 그때, 나는 내가 프랑스 문학을 번역하면서, 이후 30년을 보내게 될 줄 몰랐다.

그리고 플로베르의 〈마담 보바리Madame Bovary〉가 있다. 1971년에 인쇄된, 역시 가르니에판 책에는 엠마 보바리의 섬세한 얼굴 대신 그녀를 해부하는 머리 벗겨진 플로베르의 캐리커처가 실려 있다. 1869년 르모Lemot가 그린 이 플로베르는 엠마의 하트 모양 심장을 나이프로 찍어들고 있는데, 뚝뚝 떨어지는 엠마의 피 아래에는 넘어질 염려 같은 거 없는 낮고 팡파짐한 잉크병 입구가 기다리고 있다. 엠마의 피로 찍어 쓴 이 소설은 절대 정확성을 자랑하는 묘사로 프랑스 소설의 전범으로 꼽힌다.

단 한 번도 톨스토이를 도스토옙스키보다 우위에 놓은 적이 없지만, 도스토옙스키의 그 어떤 주인공과도 비할 수 없는 존재감을 지닌 톨스토이의 안나 카레니나, 그녀로 하여금 다가오는 기차 바퀴에 머리를 들이밀게 만든 그것, 메데이아에게 자식을 부정하게 만든 그것, 삼손으로 하여금 자신의 약점을 다 털어놓고 델릴라의 무릎을 베고 편히 잠들 수 있게 한 그것.

가볍고 떠나기 쉬우며 사실 없어도 별로 불편하지 않은 것, 그러나 삶을 송두리째 저당 잡는 그 성스럽고 치명적인 탐닉!

머릿속에 빨간 불이 켜지는 각성의 '엔딩'

〈브람스를 좋아하세요... Aimez-vous Brahms...〉
프랑수아즈 사강 Françoise Sagan
민음사 | 2008

우리 시대의 두시 번역이라는 기치 아래 100권을 넘긴 한국의 한 세계문학전집의 목록에 이름을 올리게 되었다는 말을 들었다면, 그람시가 말하는 악성 페스트론(論)의 대상인 멜로드라마와 이른바 정통 문학의 아슬아슬한 경계에 자리 잡은 이 작가, 프랑수아즈 사강은 어떤 반응을 보였을까. 아카데미 프랑세즈 회원 자리를 제안 받았을 때 사강은 모리악조차 흉내낼 수 없는 이런 눈부신 말로 그 제안을 거절한다. "나는 〈슬픔이여 안녕〉의 문학적 가치와 그것을 둘러싼 소란 사이의 차이를 알 만큼은 좋은 책을 많이 읽었다."사르트르, 지드, 카뮈, 프루스트, 테네시 윌리엄스가 등장하는 사강의 책 〈고통과 환희의 순간들〉에 모리악이 빠져 있다는 사실은 의미심장하다.

실제로 사강은 노년을 두고는, "욕망을 실현한다는 것이 불가능해지는 때, 더이상의 만남이 불가능해지는 때, 머릿속에서 분방한 생각들이 오가는 가운데 아침 추위로 이가 딱딱 부딪치는 때, (…) 지금 유일하게 안타까운 것은 읽고 싶은 책들을 다 읽을 시간이 없다는 것뿐"이라고 했고, 프루스트에 대해서는 "그가 지상에 다녀간 이후에는 어떤 것들을 단순히 다시 한다는 게 불가능해져버렸다. 그는 우리 재능의 한계를 그어 준다"고 하면서, "예술의 환상은 우리로 하여금 위대한 문학이 삶과 밀착되어 있다고 믿게 하지만, 진실은 그 정반대이다. 삶이 무정형적이라면, 문학은 형식적으로 잘 짜여 있다"고 짚고 있다.

또한 그녀는 '사강'이라는 필명을 마르셀 프루스트의 소설 〈잃어버린 시간을 찾아서〉에서, 〈슬픔이여 안녕〉이란 제목을 폴 엘뤼아르의 시 '눈 앞의 삶 La Vie Immediate'에서, 〈한 달 후, 일 년 후〉는 라신의 〈베레니스〉에서, 〈신기한 구름〉은 샤를 보들레르의 시 '이방인'에서, 〈찬 물 속 한 줌 햇빛〉은 역시 폴 엘뤼아르의 시에서 따왔다. 자신의 문학적 토양이 되어준 선배 작가들에게 바치는 경의의 표시랄까.

드물게 그런 사람들이 있다. 일이 풀린 방향이 흔하고 대중적이었을 뿐, 멍석 깔고 목에 힘주는 이들이 미치지 못하는 사물의 핵심에 닿아버리는, 재능과 성실성이 만나는 이들 말이다. 몇 년 전 정확하고 유려한 문장으로 스티븐 킹을 번역한 어떤 선배에게 또다른 대선배가 그런 대중물을 번역한 것에 대해 아쉬워하는 이야기를 듣고 내가 중얼거렸던가, 스티븐 킹과 프레드 바르가스는 고전으로 분류되어야 한다고. 참고로 나는 공포소설이나 추리소설을 특별히 좋아하는 편은 아니다.

2004년 9월 프랑스 북부 옹플뢰르의 한 병원에서 사강이 죽었을 때,《텔레그라프》는 다분히 중립적인 어조로,《워싱턴포스트》는 다분히 비판적인 어조로, 그리고 프랑스의 언론은 사실에 입각해 그녀의 삶을 요약했다. 10대 후반부터 생미셸 대로의 카페와 클럽을 들락거렸고, 골루아즈 담배와 커피 한 잔이 아침식사였으며, 위스키잔을 줄곧 손에서 놓지 않았고, 문턱이 닳도록 카지노를 드나들며 인세 전액을 간단히 탕진했고, 재규어와 애시튼 마틴, 페라리, 마세라티를 바꿔가며 속력을 내다가 차가 전복되어 3일간 코마 상태에 놓이기도 한, 낭비와 알코올과 연애와 섹스와 속도와 도박과 약물에 '중독'된 그의 삶이 그의 문학을 압도한 격이었다.

"매력적인 작은 괴물"이라는 프랑수아 모리악의 지칭 이후

'사강 현상' '사강 신화'의 대가를 톡톡히 치러야 했던 저자의 작품을 이런 개인사와 분리해 제대로 판단한 사람은 진정한 지성을 지닌 이들 뿐이었다(《슬픔이여 안녕》이 발표된 지 20년 후 존 업다이크는 《뉴요커》에서 "불꽃이 번득이는 바다, 격리된 숲, 동물적인 날램, 학구적일 정도로 효율적인 구성, 라신의 완벽성에 신예의 매혹을 지닌 등장인물"이라고 격찬했다). "지성이란 그 무엇에, 특히 말에 속지 않는 것"이라고 작가 필립 바르틀레는 1993년 출판사 로베르 라퐁Robert Lafont에서 펴낸 1,400여 페이지짜리 사강 전집에 부친 서문에서 지적하고 있다. 그 짤막한 글은 사강의 작품 전체를 살피려는 시도 같은 것은 아예 하고 있지 않지만, 그녀의 삶과 작품에 대해 드물게도 애정과 비판이 함께 하는 균형 잡힌 시각을 보여준다.

첫 작품이 나온 지 5년 만이라고는 해도 24세라는 참 젊은 나이에 써낸 이 작품 〈브람스를 좋아하세요...〉(여기서 문장 부호가 물음표가 아니라 점 세 개로 이루어진 말줄임표여야 한다고 사강은 강조한 적이 있다)는 몇 가지 중요한 장치들로 인해 그녀의 재능을 단순한 '재기'로 치부하기 어렵게 만든다. '성격이 곧 팔자'라는 셰익스피어식 경구를 상반되는 기질의 주인공들을 통해 효과적으로 환기시키는 것 외에도, 뻔한 전개나 통속적인 결말 대신 삶의 의표를 찌르는 통찰을 보여주는 것이다. 또한 독자는, 역시 14세나 연상이었던 클라라 슈만을 평생 마음에 품었던 요하네스 브람스를 떠올리게 되는데, 대개의 프랑스인들이 브람스를 그다지 좋아하지 않는다는 사실(한 브람스 전기 작가의 말에 따르면,

프랑스 대중으로 하여금 브람스에게 흥미를 갖게 만드는 건 거의 절망적인 시도라고 한다. 그래서 프랑스에서 브람스의 연주회에 상대를 초대할 때는 이 질문이 필수라는 말도 있다)을 떠올리면, 이 제목은 "모차르트를 좋아하세요"와는 다른 울림을 갖는다.

사강의 작품이 강조하는 것은 사랑의 영원성이 아니라 덧없음이다. 실제로 사랑을 믿느냐는 질문에 그녀는 이렇게 대답한다. "농담하세요? 제가 믿는 건 열정이에요. 그 이외엔 아무것도 믿지 않아요. 사랑은 2년 이상 안 갑니다. 좋아요, 3년으로 해요." 또한 그녀의 작품에는 심오한 철학도 참여의식도 이데올로기도 참신한 소재도 없다. 구성은 가볍고 묘사는 감각적이고 대화는 암시적이며 문체는 유난하지 않다. 하지만 재즈처럼 리듬감 있게 펼쳐지는 그 문장 속에는 장치 아닌 장치들이 내재해 있다. 시점과 시제, 생각과 말이 구분 없이 뒤섞임으로써 독자를 논리적으로 설득하기보다는 감성으로 매혹시킨다. 작품 속 현실에 대한 기존의 지배권을 작가 자신이 포기함으로써 오히려 작중 인물들이 현실적인 생동감을 획득하는 것이다. 많은 진지한 작가들에게 중요했던 꼼꼼한 사실 묘사에 대한 강박 같은 건 찾아볼 수 없다. 그녀에게 있어서, "드레스란 남자들로 하여금 그것을 벗기고 싶은 충동을 불러일으키지 않는다면 의미 없는 물건"이고, "사랑에 대해 세월이 할 수 있는 일은 그것을 견디게 해주는 것뿐"이다. 그녀가 집중하는 건 다만 한 가지, 불안정하고 미묘한 사람 사이의 감정이다. 이 부분에 있어서만큼은 엄정하고 깊숙하고 철저하다.

전후 세대의 문화적 욕구를 시의적절하게 충족시켰다든지, 부르주아적 가치에 대한 옹호와 풍자가 설득력을 얻었다든지, 낭만주의와 포스트실존주의가 행복하게 만났다든지 하는 평들에 이어 바로 이 점이야말로 사강 문학의 독보적인 특징이다. 개인적으로는 줄곧 성인의 삶 속에 편입되지 못한 채 좌충우돌의 문학적인(!) 삶을 살았다 해도("타인에게 피해를 주지 않는 한 나는 나를 파괴할 권리가 있다"는 그녀의 말은 우리나라 어떤 작가에게 그랬듯이 내 마음을 죄어들게 한다), 남녀의 심리, 개인의 심리를 통해 보편적 심리층의 단면도를 제시함으로써, 그리고 기질과 숙명의 그래프를 그려냄으로써 프랑수아즈 사강은 저 라신의 반열에 오른다. 프루스트가 그어준 자신의 한계 그 끝에 도달한다. 페스트균처럼 뻔한 결말로 독자의 의식을 마비시키는 멜로드라마에 머무는 대신, 갑자기 머릿속에 빨간불이 켜지는 각성의 '엔딩'을 선사하고 문학만이 할 수 있는 방식으로 우리를 돌아보게 하는 것이다. 그래서 우리는 사강을 다시 읽는다.

책 속에서

사랑의 정의를 두고 오래 이야기한 적이 있다.

'철학자의 길'을 지나 요시다 숲으로 들어가 숲속의 찻집에서 차 한잔을 하고 돌아오는 길이었다. 나는 '감정'에 비중을 두었고, 상대는 '책임'을 이야기했지만, 결론을 낼 수 없었다. 인생이 뭔지 알 수 없지만 그저 찾아내는 것처럼, 그게 뭔지 잘 몰라도 우리는 사랑을 한다.
내 안에 담긴 상대를.

"사실 저는 연기를 하고 있어요. 당신과 함께 있을 때, 저는 촉망받는 젊은 변호사이자 사랑에 빠진 연인이자 버릇 나쁜 아이 역할을 연기했지요. 하지만 당신을 안 이후 제가 연기한 그 모든 역할은 당신을 위해서였어요. 그게 사랑이라고 생각하지 않으시나요?"

"사랑에 대한 상당히 좋은 정의군요." 그녀가 웃으며 대답했다.

저녁식사 후 그들은 춤을 추었다. 폴은 로제가 일회용 데이트 상대로는 그다지 나쁘지 않은, 피부가 가무잡잡한 여자를 안고 있는 것을 보았다. 로제는 그 여자 앞에서 언제나처럼 어색하게 몸을 움직이고 있었다. 시몽이 자리에서 일어났다. 그의 춤은 능숙했다. 두 눈을 살짝 감은 채 그는 유연하고 날렵하게 춤을 추면서 노래를 흥얼거렸다. 폴은 그런 시몽에게 몸을 내맡겼다. 그녀의 드러난 팔이 한 순간, 가무잡잡한 여자의 등에 둘러진 로제의 손을 스쳤다. 폴은 눈을 떴다. 로제와 폴, 그들 두 사람은 '상대'의 어깨 너머로 서로를 응시했다. 별다른 움직임도, 리듬도 없는 느린 춤곡이 흐르고 있었다. 그들은 아무런 표정 없이, 미소조차 짓지 않고 서로 알은 체도 하지 않고 아주 가까운 거리에서 서로를 응시하고 있었다. 갑자기 로제가 손을 여자의 등에서 떼어 폴의 팔을 향해 뻗었다. 순간 그의 얼굴에 떠오른 표정이 어찌나 간절했던지 폴은 눈을 감지 않을 수 없었다. 이윽고 시몽이 몸을 돌려 방향을 바꾸었다. 로제와 폴은 더 이상 서로를 볼 수 없었다.

그날 밤 폴은 그다지 피곤하지 않았음에도 피곤하다는 핑계를 대고 시몽과의 잠자리를 거절했다. 그녀는 오랫동안 두 눈을 뜬 채 침대에 누워 있었다. 그녀는 이제 무슨 일이 벌어지게 될 지 알고 있었다. 이제 다른 해결책은 없다는 것, 그 이외의 다른 해결책 같은 것은 오래전부터 없었다는 것을 깨닫고는, 어둠 속에서 목이 죄어드는 것을 느끼며 그 생각에 맞서기를 포기했다. 한밤중에 그녀는 자리에서 일어나 거실로 갔다. 시몽이 소파에서 자고 있었다. 방에서 나오는 비스듬한 빛이 길게 누운 청년의 몸을 비추는 것을 바라보면서 그녀는 그의 숨소리를 들었다. 베개 속으로 파묻힌, 그의 고개와 목뼈 사이의 움푹 들어간 부분을 바라보았다. 젊은 자기 자신이 자고 있는 것을 바라보는 것 같은 기분이었다. 시몽이 무어라 중얼거리며 빛이 비치는 쪽으로 돌아눕자 폴은 얼른 자리를 떴다. 그에게 자연스럽게 말을 건네기가 벌써 불가능해진 것이다.

┃프랑수아즈 사강의 〈브람스를 좋아하세요...〉(ⓒ (주)민음사, 2008) 중에서

후기

마세라티인가 람보르기니인가를 타고 미친 듯이 질주하다 차가 뒤집혀 3일 동안 코마에 빠져 있다 깨어난 이 여자, 그때의 상처가 한쪽 뺨에 남은 채 타이프라이터 앞에 앉아 있는 그녀의 사진은 한동안 내 노트북의 바탕화면으로 쓰였다. 그 사진에서 그녀는 단순하고 호화로운 팔찌를 하고 샤넬 니트 수트를 아무렇지도 않게 걸쳐 입고 손에는 담배를 든 채 미소를 띠고 있다. 그녀의 깃털 커트는 다이애나보다 앞서고, 우리 작가 김영하는 "나는 나를 파괴할 권리가 있다"는 그녀의 말을 차용했으며, 진지하고 감각적인 드라마를 쓰는 누군가는 이 작품에 많은 것을 빚졌다고 털어놓는다.

그 어떤 소설보다 더 문학적인 삶을 살았고, 비참하고 가난하게 비문학적으로 죽어간 그녀를, 청춘의 절정에서도 그런 기개를 갖지 못했던 나로서는 선망하지 않을 수 없다. 또다른 의미에서 내가 좋아하는 작가 박경리가 마지막 시집에서 언급한 '몰보라는 이름의 노파'처럼 "입을 굳게 다"물고 "밥을 빌어먹"는 노년이, "쇠고기 씹어 뱉고/술로 세수"한 청춘을 끌어내릴 순 없는 것이다.

〈브람스를 좋아하세요…〉 속에서 검사인 시몽은 자신의 사랑을 받아들이기를 주저하는 폴에게 이렇게 말한다. "다가온 사랑을 붙잡지 않고 흘려보낸 당신에게 평생 외로움 속에 살아야 할 고독형을 선고합니다." 아아, 그러나 폴은 그 사랑이 아닌 저 사랑을 선택하고, 그 대가로 줄곧 또 다른 외로움 속에서 살아야 할 것이다. 2012년 7월 아를에서 만난 라트비아 번역자 잉타는 이 작품을 라트비아어로 번역했다. "로맹 가리처럼 본격 문학이랄 수는 없지만…"이라는 내 말에 그녀가 대답했다. "아니, 프랑수아즈 사강은 이제 고전이야."

자기와 타인,
낙원이 깨어지고 지옥이 멀지 않다

⟨오후 네시(반박) Les Catilinaires⟩
아멜리 노통브 Amélie Nothomb
열린책들 | 1999~2001

외국문학을 우리말로 번역해오면서 줄곧 부딪쳤던 문제가 내게는 크게 두 가지였던 것 같다, '이 일을 제대로 하고 있는가'와 '이 일을 할 의미가 있는가'하는. 번역자를 학자도 신자도 아닌 단순한 장인으로 보는 견해(기시다 슈의 이런 견해는 옮겨야 할 말과 옮겨지는 말의 일대일 대응을 넘어서는 성실성을 강조하고 있다)에 공감하면서도, 원저자의 주장이나 사상에는 책임이 없는 만큼 일단 절대적으로 나쁜 책만 아니라면 개의하지 않는다는(정말?), 느슨하기 짝이 없는 나의 작품 선별기준이 충분히 소극적이라는 데 부담을 느껴온 것도 사실이다.

    실제로 남에게 해를 끼치지 않는 한 자유롭자는 것은 내가 세상을 대하는 태도이기도 하다. 물론 원칙을 지키지 못할 상황이라면 아무것도 하지 않는 편이 낫겠지만(코소보 사태에 대한 미국의 태도를 두고 촘스키가 꼬집은 대로), 동지가 아니면 적이라는 일변 과격한 논리가 종종 결과적으로 참이고 보면, 그동안 나는 다른 세상살이는 차치하고라도 고의 아닌 고의로 얼마나 많은 나무를 하릴없이 죽이는 데 일조해온 것인가. 이슬람 민간에 전승되어 오던 보물 〈아라비안나이트〉를 언어의 천재다운 자신감과 첫사랑의 열정으로 영역한 리처드 버튼은 그런 점에서 얼마나 행복한 역자였던가.

    아멜리 노통브는 벨기에의 젊은 작가다(벨기에가 프랑스어권이고 그녀의 책이 프랑스 출판사 알뱅 미셸에서 출간되고 있는 만큼 프랑스 문학의 큰 틀에서 파악한다). 그녀가 25세에 〈살인자의 건강법〉으로 문단에 데뷔했을 때, 평자들은 재능과 박학과 풍자를 겸비한 이 작가의 출현을 "하나의 현상"이라 평했다. 노통브의 말에 따르면, 그 작품을 갈리마르 출판사에 보냈지만, "가짜 원고를 출판할 수 없다"는 답신과 함께 반송받았다고 한다. 누군가 그 원고를 대신 써준 것으로 잘못 판단했던 편집자 필립 솔레르스는, 마르셀 프루스트를 놓쳤던 앙드레 지드와는 또 다른 실수를 범한 셈이다. 그 작품은 출간과 더불어 10만 부 이상의 판매라는 대중적 성공과 함께 르네 팔레 상을 받았고, 노통브는 차세대 프랑스 문학을 이끌어갈 작가로 주목받게 된다.

외교관 아버지를 둔 저자는 1967년 일본에서 태어나 베이징, 뉴욕, 방글라데시, 보르네오, 라오스 등지에서 남들과는 다른 유년기와 청소년기를 보냈다(어떤 잡지와의 인터뷰에서 그녀가 털어놓은 바에 따르면, 다섯 살 때부터 열다섯 살 때까지 습관적으로 술을 마셨는데 그후 거식증을 계기로 끊었다고 한다). 그런 특별한 경험은 보들레르에서부터 비트겐슈타인, 마오쩌둥, 호치민, 레닌에 이르는 방대한 독서량과 함께 그녀의 작품에 프랑스적 감수성과는 다른 특이한 색채를 부여하고 있다. 그녀 작품의 주인공들이 '주변인'이라는 공통점을 지니고 있는 이유의 일단도 거기에서 찾을 수 있다.

그런 비정형적인 인물들을 통해 노통브는 자기와 타자의 관계라는 묵직한 주제를 천착하는데, 그것을 위해 선택한 방식은 전통 소설적인 치밀성이 아니라, 단순한 구성과 우의적인 전개다. 치밀한 구성의 묘미와 치열한 묘사의 혜택에서 제외된 그녀의 작품은 얼핏 단조롭다는 느낌을 주면서도 주제의 무게를 거뜬히 지탱하면서 독자와 효과적으로 소통한다는 장점을 갖고 있다.

이런 참신함은 이제 형성되기 시작한 노통브의 문학 세계 전반을 관통하는 특징을 이룬다. 열일곱 살 때부터 규칙적으로 글을 쓰기 시작해 이미 상당량의 미발표 원고를 쌓아두고 있는 이 부지런한 '글쓰기광'이 '일정량의 마약'을 복용하듯 매일 글 쓰는 일을 계속할 경우, 그녀는 이제까지 발표된 작품들(《살인자의 건강법》 《사랑의 파괴》 《불쏘시

개〉〈오후 네시〉〈시간의 옷〉)보다 앞으로 발표될 작품들로 더 큰 주목을 받게 될 것이다.

이 작품은, 평생 라틴어와 그리스어를 가르치다가 퇴임한 교사가 아내와 함께 조용히 여생을 보낼 집을 찾던 중 첫눈에 마음을 빼앗긴 집을 발견하는 것으로 시작된다. 우리 식으로 말하자면, 평생 고등학교에서 한문을 가르치다가 정년이 되어 퇴임한 평교사, 공자·맹자의 교훈과 이백·두보의 정서를 체화한 할아버지가 평소에 못마땅하게 여겨온 소란스런 도시를 벗어나 마침내 꿈에 그리던 전원생활을 시작하는 것이다. 주인공 에밀과 그의 동갑내기 아내 쥘리에트는 바로 그런 그림과 일치한다. 호젓한 숲속의 빈터에 자리 잡은 그 작은 집에서 두 사람의 동화가 시작될 참이다. 묘사보다는 대화가 많고 표현은 평이하고 구성은 단순하다. 실제로 브뤼셀의 한 비평가는 처음에 작가가 독자들에게 자장가를 불러주려는 줄 알았다고 쓰고 있다.

그 평화로운 그림 속에 침입자가 등장한다. 거구의 이웃집 남자 베르나르댕은 오후 네 시부터 두 시간 동안, 묻는 말에만 간간히 대답할 뿐 말없이 그 집 거실에 죽치고 있다가 여섯 시가 되자 돌아간다. 다음 날, 그 다음 날에도 같은 일이 반복된다. 고전어 전공자로 갈고 닦은 에밀의 현학도, 그의 아내 쥘리에트의 무구한 친절도 이웃집 남자의 무례와 침묵 앞에서는 속수무책이다. 이즈음에서 독자는, 진부한 동화를 집어든 것 같다는 애초의 예상이 틀릴지도 모른다는 생각이 들기 시작한다.

나 역시 머리카락 끝이 쭈뼛 일어서는 것을 느끼며, 이때부터 자세를 바로잡았다. 바야흐로 동화는 블랙코미디가 된다. 인용되는 건 스퀴트네르와 베르길리우스와 팔라메드이지만, "타인이 지옥"이라고 했던 사르트르가 슬그머니 떠오른다. 자기(에밀과 쥘리에트)와 타인(베르나르댕)이 맞섬으로써 낙원은 깨어지고 지옥이 멀지 않다. 평이한 문장과 단순한 구성이, 이웃집 사내의 몸무게 아래 눌린 소파나 그의 앞에 놓인 뜨거운 커피잔처럼 도구에 지나지 않는다는 게 분명해진다.

이어 이웃집 여자, 곧 베르나르댕 부인이 등장하면, 이 소설은 컬트(앞서 말한 평자는 으스스한 괴기담이라고 표현했다)로 발전한다. 역시 말 없는(하고 싶지 않아서가 아니라) 이 인물의 등장으로 사태는 좀더 복잡해진다. 일체로 여겨졌던 에밀과 쥘리에트가 자기와 타자로 분리되면서 인간과 인간 사이의 불가피한 존재의 벽이 부각되고, 다시 주인공 에밀의 길들여진 자아와 본능적인 자아가 자기와 타자로 분리되면서 자기 자신에게 익숙해지는 것과 자신을 아는 것과는 별개라는 화자의 첫 고백을 의미심장한 것으로 만든다. 한편 응당 타자여야 할 베르나르댕 부인은 쥘리에트와 같은 편에 편입된다. 이런 심리적 탈바꿈이 계속되는 동안에도 작가는 천연덕스럽게 예의 그 동화적 문체를 포기하지 않는다. 숲속의 빈터에는 등꽃이 피어나 5월의 바람에 꽃향기가 실려오는 것이다.

이제 마지막 단계가 남아 있다. 불면증에 시달리던 에밀은 한

밤중 옆집에서 들려오는 수상쩍은 소리를 듣고 작은 다리를 건너 베르나르댕의 세계로 들어간다. 정확하게 맞추어진 시계들과 쓰레기와 권태와 절망으로 가득 찬 그 세계에서 이제 무슨 일이 벌어질 것인가. 블랙코미디로, 괴기담으로 발전한 이 동화는 범죄 소설로 끝을 맺을 것인가. 귀찮은 이웃 베르나르댕을 영원한 타자로 역할 고정시킴으로써 에밀은 스스로와 영원히 대결해야 하는 지옥과의 동침을 받아들이는가. 에밀의 본능적 자아가 노출되는 이 단계에서 화자의 어조가 달라진다. 교양 있고 예의 바른 신사가 안으로 숨고, 충동적이고 다혈질적인 인물이 드러나는 가운데 소설은 결말을 향해 치닫는다. 한쪽이 지킬 박사, 다른 한쪽이 하이드라는 선명한 도식 같은 건 다행히 이 동화 아닌 동화에는 적용되지 않는다.

    묘사 대신 철학적 물음이 전체를 관통하는, 소설과 희곡의 경계에 놓여 있는 이 작품은 한 평자의 지적대로 세귀르 백작 부인의 동화를 이오네스크가 개작한 듯 평이한 동시에 심오하다. 실제로 이 작품을 우리말로 옮기는 동안 역자는, 저자의 양해를 얻어 이 글을 각색해보면 어떨까 하는 생각을 해보기도 했다. 타자 중의 타자를 자기 안에 끌어들임으로써 감동을 선사하는, 일면 진부한 결말에 대한 아쉬움이 그만큼 강했달까. 아니 저 버튼이 영어판 〈아라비안나이트〉의 서문에서 했듯이, "이 책을 번역하면서 많은 고생을 했을 것 같이 보이지만, 사실은 내가 좋아서 한 일이며 그 일은 아무리 퍼내도 마르지 않는 샘처럼 나에게 위안과 만족을 주었다"라고까지는 못해도, 한 재능의 개

화과정을 목격하고 번역하는 일이 그렇게 짜릿했달까. 부디 이 글이 어느 비디오 소개 프로그램처럼 새삼스레 작품을 읽을 필요가 없을 것 같은 느낌을 독자들에게 주지 않기를(그 때문에 줄거리를 소개하는 일을 자제했다). 오래도록 지켜보아도 좋을 한 작가를 건질 기회를 빼앗지 않게 되기를.

그가
나의 이름을 불러주면

⟨로베르 인명사전 Robert des Noms Propres⟩
아멜리 노통브
문학세계사 | 2003

열아홉 살짜리 만삭의 임신부가 동갑인 남편을 권총으로 살해하는 것으로 시작되어 엉뚱하게도 작가의 죽음으로 끝나는 이 짤막한 소설은, 아멜리 노통브를 이미 알고 있는 독자들에게조차 충격적인, 강렬한 '노통브표' 소설이다. 여기에서는 그녀 소설의 한 축을 이루고 있는 유년과 더불어, 살인과 에로티즘의 문제가 특유의 간결하고 경쾌한 필치로 다루어진다. "인간의 몸을 가지고 하는 행위라는 점에서" 살인과 성행위를 같이 보는 작가의 시각은 섹스를 작은 죽음으로 인식했던 바타유를 연상시키지만, 훨씬 가볍고 단순하다. 바타유가 폭력적 희열의 절정으로서 에로티즘과 죽음의 의미를 물었다면, 노통브의 주인공들이 고민하는 것은 그저 저 골치 아픈 시체를 어떻게 처리할까 하는 식이다. 또한 이 작품에서 비교적 깊이 있게 다루어지는 모성애의 폐해 역시, "영원히 여성적인 것의 구원"을 말하면서도 모성애의 폐해를 경계했던 괴테의 맥을 잇고 있지만 한결 단선적이다. 플렉트뤼드와 클레망스의 관계는 충분히 예측가능한 선을 넘지 않는다.

이 작품에서 역자가 가장 중요하게 보는 것은 '명명'에 대한 인식이다. 뤼세트가 남편을 살해하는 이유는 그가 태어날 아기에게 마련해둔 이름 때문이다. 이름이 운명을 결정짓는다는 의식, 곧 언어가 실재를 내포한다는 의식은 형이상학적 인간의 필요조건이다. 그녀로서는 자기 아기에게 탕기나 조엘이라는, 우리식으로 말하자면 철수나 순이라는 흔하디흔한 이름이 붙여지는 것을 참을 수 없었다. 어느 정도로? 자는 남편의 잘생긴 얼굴에 대고 장전된 권총의 탄환을 모두 비워낼 정도로. 감옥에 갇힌 그녀는 전문가들이 추천하는 타협적인 이름 제르트뤼드 역시 거부한다. 뱃속의 아기를 위해 '플렉트뤼드'라는 이름을 고르면서 그녀는 아기를 위해 특이하고 모험적이면서도 위험으로부터 스스로를 지킬 수 있는 호신부를 지닌 삶을 마련한다. 그런 다음 그 삶에 방해가 되지 않기 위해 자신 역시 감옥에서 목을 맨다. 하나의 이름이 곧 하나의 인생이 되는 것이다. 그리고 어미에 의한 아비 살해와 어미 자신의 자살이라는 엽기적 상황에서 태어나 의붓어미의 편집적인 사랑 속에서 성장한 플렉트뤼드는, 노래를 부르기 위해 스스로 로베르라는 예명을 선택한다. 이 로베르는 사전의 이름이기도 하다. 그런데 사전이란, 곧 말의 숲, 말의 우주가 아닌가.

몇 년 전 〈사랑의 파괴〉와 〈오후 네시〉를 번역하면서 노통브의 기발함과 재치, 경쾌함 속에 담긴 풍자 등을 유쾌하게 만났고, 그 같은 작가적 특징을 〈두려움과 떨림〉이나 〈적의 화장법〉 같은 다른 작품들을 통해 확인하며 든든했고, 우리 독자들 가운데 노통브 마니아가 생기는 것을 기분 좋게 주시해온 역자로서는, 이 재기와 성실성의 작가가 유년과 치기와 재치 위에 시야와 깊이를 내면화하기를 기대해왔다.

하지만 노통브는 이 소설에서도 역시, '좀더 깊게, 좀더 치밀하게, 좀더 진지하게'를 외치는 역자의 요구 같은 것에는 귀 기울이지 않는다. 그녀는 가볍게 건드리며 빠르게 나아갈 뿐이다. 주인공 로베르는 갑작스럽게 다리 아래로 몸을 던지려다가 옛사랑을 만나고 가수가 되고 작가를 살해한다. 이야기의 끝에 이르렀다는 것을 알고 역자는 다급하게 외친다. 아앗, 그게 아니야, 명명의 문제를 좀더 파고들란 말이야, 몰리에르가 동원된 외모에 대한 고찰이나 클래식 발레 얘긴 안 해도 돼. 그럼 이건 볼륨에 관계없이 대작이 될 거야. 하지만 어쩌겠는가, 이게 바로 대작을 써야 한다는 강박에서 훌쩍 벗어나 있는 프랑스 현대 소설의 한 현상, 아멜리 노통브인 것을.

책 속에서

'밀고 당기기'의 한 전범을 이런 식으로 파헤치다니!

그 애와 내가 전혀 다른 유형의 인간이라는 것을 그때까지 나는 모르고 있었다. 엘레나는 누군가 자신을 냉정하게 대하면 대할수록 그 사람을 사랑하는 그런 종류의 아이였다. 하지만 나는 정반대였다. 상대의 사랑을 느끼면 느낄수록 나의 사랑은 깊어졌던 것이다.

물론 그 애가 나를 사랑이 넘치는 눈길로 바라보았기 때문에 내가 아름다운 엘레나를 사랑하게 된 것은 아니었다. 하지만 나에 대한 그 애의 태도가 달라지자 내 열정은 더욱 커져 갔다.

그리하여 나는 사랑의 발작을 일으키기에 이르렀다. 내게 쏟아지던 그 애의 부드러운 눈길을 떠올리면서 밤마다 침대 속에서 오한과 발작이 뒤범벅된 상태를 경험하곤 했다.

더 이상 무엇을 기다리고 있느냐고 나는 스스로에게 물었다. 그 애가 나를 사랑한다는 것은 더 이상 의심할 수 없었다. 내게 남은 것은 그 사랑에 응답하는 것뿐이었다.

하지만 감히 그럴 수가 없었다. 내 열정이 지나친 것임을 나는 느낄 수 있었다. 그것을 말로 표현하는 것은 내 능력을 넘어서는 일이었다. 말 이상의 그 무엇, 그 초월의 세계가 필요했다. 이해할 수 없었기 때문에―이해하지 못한 채 언뜻 보았을 뿐이었기 때문에―나는 그 세계로 들어갈 준비가 전혀 되어 있지 않았다.

그래서 나는 어머니의 충고를 줄곧 지켰다. 그것은 점점 더 고통스러운 일이 되어갔지만, 사용법만큼은 분명히 알 수 있었다.

엘레나의 눈빛은 점점 더 집요해지고 점점 더 애절해졌다. 쌀

쌀맞은 얼굴에 담긴 부드러움이야말로 사람을 저항할 수 없게 만들지 않는가? 사수처럼 날카로운 그 애의 눈에 담긴 부드러움, 매서운 그 애의 입술에 어린 부드러움이 내게 전해져왔다.

그럴수록 나는 더욱 강인해져야 했다. 나는 얼음처럼 차갑고 우박처럼 예리해졌다. 그러면 아름다운 엘레나의 시선은 연인의 사랑으로 부드러워지는 것이었다.

정말이지 견디기 어려운 일이었다.

▎아멜리 노통브의 〈사랑의 파괴〉(ⓒ 열린책들, 1999) 중에서

색과 계,
그리고 붙들림

〈그리고 투명한 내 마음 Et Mon Coeur Transparent〉
베로니크 오발데 Véronique Ovaldé
뮤진트리 | 2011

나는 종종 이런 기묘하고 강렬한 꿈을 꾼다,
미지의 한 여인에 대한 꿈을. 내가 사랑하고 나를 사랑하는
그녀는 매번 똑같은 사람도 아니고,
전혀 다른 인물도 아니다, 다만 나를 사랑하고 나를 이해해줄 뿐.
그녀가 나를 이해해주므로, 내 투명한 마음은
오직 그녀만을 위하여, 고민을 벗어던진다
오직 그녀만을 위하여, 내 축축한 이마는 창백해진다,

오직 그녀만이 눈물로써 내 마음과 이마를 식혀줄 수 있으리라.

— 폴 베를렌의 〈내 익숙한 꿈 Mon Rêve Familier〉 중에서

    당신이 이 책을 집어든 이유가 프랑스 현대 소설에, 그것도 베로니크 오발데라는 참신한 이름의 작가에 관심이 끌려서라면, 나아가 〈그리고 투명한 내 마음〉이라는 제목에, 그 제목과 더불어 폴 베를렌의 시 한 구절을 떠올렸다면, 무엇을 기대했든 간에 이 책을 다 읽을 즈음에는 기대 이상의 것을 받게 될 것이다. 왜냐하면 이 소설에는 거듭된 설명으로 독자를 과잉 배려하는 작품들에서는 볼 수 없는 섬세한 포석과 절제된 묘사가 자리잡고 있어, 성급하게 책장을 넘기는 책읽기로는 음미하기 어려운 미묘한 울림과 독특한 성찰을 만날 수 있기 때문이다.

    해석이나 소화를 요하지 않는 편한 책들 사이에서 낮은 촉수의 등불을 들고 시간을 들여 가만히 삶의 한 부분을 비춰내는 이런 작품이야말로 언어를 통한 내적 진화를 꾀하는 문학의 본령에 더 다가서 있다고 할 만하다. 많은 평론가들과 진지한 독자들이 이 책에 격찬을 보내는 이유가 여기에 있다. 요컨대 당신이 이 책의 독서 전후에 시야가 투명해지는 느낌을 받는다면, 폴 베를렌과 보리스 비앙의 분위기를 떠올린다면 문학만이 줄 수 있는 그 선물을 받을 채비가 된 것이다.

    그렇다고 해서 이 작품이 어렵다는 말은 아니다. 문장은 간결하고 표현은 참신하며 스토리 전개는 흥미롭다. 문화 웹진《에벤느》의

평자가 지적하고 있는 것처럼 "사랑하는 아내의 죽음을 둘러싼 상황을 밝혀내는 일에 착수한 주인공의 의혹과 슬픔이 뒤섞인 시선을 통해 베로니크 오발데는 우리를 사실 그 자체가 아니라 '사실의 흔적'으로 데려간다. 그리하여 독자는 매혹적인 동시에 폭력적인 미궁 소설의 우주 속에 발을 들여놓게 되는 것이다." 이 작품을 팜파탈에 관한 이야기로 읽든, 그 여자에 대한 사랑에 삶을 송두리째 저당 잡힌 한 남자의 기록으로 읽든, 하나씩 나타나는 사실에 경악하며 최후의 진실을 찾아나가는 스릴러로 읽든, 사랑과 그로 인한 여러 가지 감정들이 어떻게 인간을 변화시키는지 보여주는 심리 소설로 읽든 그것은 독자의 몫이다. 작중인물의 자유로운 행보를 따라가다가 군데군데 만나는 작가의 의도를 포착할 수 있으면 충분하다.

우선 작품 전체를 관통하는 몽환적, 동화적, 마술적, 환상적 분위기에 주목할 필요가 있다. 작품의 배경이 되는 추운 카타노와 따뜻한 카메론은 둘다 가상공간이다. 그곳의 눈 언덕과 녹나무, 플라타너스 들은 충분한 실재감을 갖고 있으면서도 현실의 그것들과는 조금 다른 신비스러운 아우라를 내뿜고, 주인공이 눈보라를 뚫고 들르는 초록빛 어항이 있는 카페도 그런 초현실적인 분위기를 짙게 풍긴다. 귀퉁이 어디선가 이상한 나라의 앨리스를 만날 것만 같다. 주인공이 주저앉아 있던 차고는 평범한 콘크리트 구조물 이상이고, 집안으로 들어가기 위해 오르는 계단은 언제라도 허방이 되어 환상의 세계로 연결된다. 랜슬롯이 이리나를 만나는 계기가 되는 '완벽한 하이힐' 한 짝은 신데렐라의 유리구두를 연상시키고, 노구치 테이블과 페리앙 책꽂이는 충분한 실재감을 지니면서도 주인공과 함께 은밀한 차원으로 곤두박질친다. 서랍장이 사라지고 우산대가 종적을 감추는 일이 이 작품에서는 이상하지 않다. 하지만, 《아방포르트레》의 평자가 지적하듯 '여자 브라우티건' — 〈미국의 송어낚시〉와 〈워터멜론 슈가에서〉를 기억하는가. 그러니까 이 소설은 아는 만큼 보이는 몇 개의 층위를 지닌 소설로서, 성의 있는 책읽기로 그 모두를 음미할 수 있다 — 이라고 불리는 저자가 구사하는 이런 환상적 리얼리즘은 남미 문학에서 만나는 그것과는 다르다. 주인공의 심리와 긴밀히 연동하면서, "앙투안 볼로딘이나 장필립 투생 같은, 프랑스 소설의 일반적인 경향에서 의도적으로 거리를 둔 몇몇 작가들의 맥을 잇게 되는 것이다."《트랑스퓌즈》)

이 작품의 또다른 특징은 의식화된 명명으로, 여기서 '이름'은 상당히 시사적인 의미를 띤다. 주인공의 이름 랜슬롯은 아서왕의 충직한 기사로 왕비 기네비어와 사랑에 빠지는 바로 그 랜슬롯이다. 여주인공 이리나는 처음 만남에서 그 이름을 듣고 웃음을 터뜨리며 이렇게 말한다. "이제부터 나는 당신을 폴이라고 부르겠어요." 그렇게 랜슬롯은 폴이 된다. 어떻게 보면 그 이전의 삶에서 만났던 이름들은 첫 아내의 이름 엘리자베스처럼 평범한 반면, 그 이후 등장하는 이름들은, 파코 피카소, 트랄랄라, 마리 마리, 토로로, 미니막스처럼 누군가를 연상시키거나 만화스럽거나 장난스럽다. 이런 관점에서 보자면 이 작품은 주인공이 랜슬롯에서 폴이 되어가는 과정을 담은 것이라고도 할 수 있다. 작품의 마지막에 이르러 주인공 자신은 스스로의 새 이름을 의식하고 이렇게 중얼거린다. "이제부터 내 이름은 폴이야."

추리적 형식을 취하고 있는 이 작품을 읽어나가며 주인공과 독자가 함께 밝혀내는 것은 이중적 삶을 살았던 여자 '이리나'의 실체이자 남녀간의 사랑의 본모습이다. 이리나와의 만남이 랜슬롯에게 자신의 삶을 송두리째 바꾸는 당위가 되기에 충분했다면, 이리나에게는 쾌락의 절정에서도 손톱 주위의 굳은살을 뜯어낼 수 있는 딱 그만큼의 어떤 것이다. 구체적인 묘사를 절제할 뿐 포르노그라피를 연상시키는 사랑의 장면을 비추는 거울은 그런 어이없는 여자의 동작을 이 넋나간 남자에게 보여준다. 오오, 그러니 도대체 사랑이란 무엇인가. 끝내 그 어이없는 사랑을 포기하지 않는 주인공에게 우리는 설득당하지는 않지만 감동한다. 대구요리와 닭가슴살을 넣은 카레 레시피 사이에다 네이팜탄의 제조법을 꼼꼼하게 적어놓은 이리나보다, 멸종 위기의 동물 앞에서는 한없이 여려지지만 대의를 위해서는 눈도 깜짝하지 않고 저택을 폭파하는 이리나보다 더 지독한 내적 과격함은 바로 그 랜슬롯의 사랑에 있는 것이 아니겠는가.

우리나라에 처음 소개되는 베로니크 오발데는 1972년 프랑스에서 태어나 2000년부터 작품 활동을 시작해 현재 프랑스 현대 문학에서 가장 독창적인 목소리를 내는 작가 중의 하나로 꼽힌다. 실제로 '포스트에그조티즘'의 대가로 불리는 앙투안 볼로틴과 장필립 투생의 계보를 잇는, 기존의 문학적 성향과 의도적으로 거리를 둔다는 평가를 받고 있다.

출판사 제작부에서 오랫동안 일해온 경력에다 두 아이의 어머니이기도 한 저자는 프랑스 문학은 물론 포크너나 헤밍웨이를 비롯한 미국 문학, 나아가 일본 문학과 포르투갈 문학에 이르기까지 엄청난 독서량을 자랑한다. 그러한 내공과 성실성을 바탕으로 그녀는 자신만의 독특한 문학적 공간을 구축해나가고 있다.

작품으로 〈물고기의 잠 Le Sommeil des Poissons〉(2000), 〈반짝이는 모든 것 Toutes Choses Scintillants〉(2002), 〈남자라면 다 좋아 Les Hommes en Général me Plaisent Beaucoup〉(2003), 〈동물 쫓아내기 Déloger l'Animal〉(2005), 〈베라 캉디다에 대해 내가 아는 모든 것 Ce que Je Sais de Vera Candida〉(2009)이 있다. 2006년 공쿠르 지원금을 받아 일러스트레이터 조엘 졸리베와 함께 〈땅꼬마 제뷜린 La Trés Petite Zébuline〉을 펴냈고, 2008년 펴낸 이 작품 〈그리고 투명한 내 마음〉으로 프랑스 퀄튀르 텔레라마 상을 받았다.

후기

2012년 6월 《엘르》였던가, 《아방타주》였던가, 소위 뜨는 작가 중의 하나로 베로니크 오발데를 소개하고 있었다. 선명하고 진한 립스틱과 새카만 머리카락, 도전적인 커다란 눈이 대조를 이루는 작가스럽지 않은 작가 사진과 함께. 그러나 눈빛만큼은 어김없는 작가인 베로니크 오발데는 장르 문학과 고전 문학의 경계에 선 흥미로운 인물이다. 어쩌면 그녀는 '고전'이 지닌 균형감을 의도적으로 깨뜨리고 싶은 것인지도 모른다. 붉은 립스틱의 고전 샤넬 알뤼르 넘버 67의 애용자라 해도 말이다. 이 작품 도처에서, 특히 후반부에서 그런 기미를 엿볼 수 있는데, 이메일이 두어 번 오가는 동안 확실히 알 수 있었다. 내 느낌이 틀리지 않았다는 것을.

진지한 프랑스어로 써내려간
'사랑과 영혼'

〈이제 사랑할 시간만 남았다 L'Empyrée〉
안느 그로스피롱 Anne Grospiron
디자인하우스 | 1995

우주에 안테나를 꽂고 우리를 잠시 이승을 넘어서는 통찰에 맞닿게 해 주었던 폴 발레리는 "작품이란 우리가 지금 보고 있는 것을 제대로 보지 않았다는 사실을 환기시켜주는 것"이라고 했다. 또한 비스듬한 조명으로 한 작가의 내밀한 면모를 탁월하게 포착했던 장 그르니에는 카뮈의 작품을 두고 "모든 주석을 쓸데없는 것으로 만들어버리는 작품"이라고 평한 바 있다. 우리 독자들에게 낯선 안느 그로스피롱의 작품을 읽고 나서, 그리고 탁월한 신예의 등장이라고 평한 현지 평론가들의 서평을 읽고 나서 이런 말들을 떠올리는 건 확실히 지나친 일일 것이다. 하지만, 1994년 이 소설이 프랑스 지성의 본산이라는 갈리마르 출판사에서 간행되기 전까지 문단에 전혀 알려지지 않은 인물이었던 저자가 이 작품이 일으킨 조용한 반향 이후 프랑스 차세대 유력 작가군의 주역으로 평가받고 있는 것도 사실이다.

안느 그로스피롱은 1969년 프랑스 쥐라 산맥의 생클로드에서 태어나 경제학을 전공했고 지금은 롱드솔니에에 살면서 수학을 가르치고 있다. 유년기를 벗어나면서부터 글을 쓰기 시작했고 앞으로 문학을 할 거라는 사실 외에 저자의 경력에 대해서는 특기할 것이 없다. 하지만, 평자들의 지적이 아니더라도 이 작품을 읽어보면 작가의 앞으로의 활동에 왜 많은 여백을 남겨두어야 하는지를 알 수 있으리라.

열아홉 살의 한 여대생이 불치병에 걸려 여섯 달을 앓다가 한 의사의 도움으로 안락사한 뒤, 사랑하는 이들 곁을 영혼으로 떠돈다는 이 소설의 전체 줄거리는 얼핏 프랑스판 「사랑과 영혼」을 연상시킨다. 도입부와 맺음부를 제외하면 크게 3부로 나뉘어 있는데, 1부는 화자가 병에 걸려 6개월을 고통 속에서 살던 시기, 2부는 죽은 후 얼마 동안 자신의 안락사를 도와준 의사와 가족들에 대한 이런저런 의문에 시달리는 시기, 3부는 사랑하는 이들에 대한 모든 궁금증이 풀리는 시기를 다룬다. 이런 평이한 진행으로 이 작품은 신기한 영혼의 이야기나 드라

마틱한 재미가 아니라, "신기할 것 하나 없는 가운데 놀랍기 짝이 없는 삶"의 문제를 담담하게 그려나간다.

여기서 저자를 주목하게 되는 것은, 우선 주제와 그 천착 방식의 우직성과 진지함 때문이다. 이는 프랑스 정통 소설의 맥을 잇는 것으로 최근 확산되고 있는 젊은 작가들의 가벼운 글쓰기와는 궤를 달리한다. 무거운 것은 무거운 대로, 가벼운 것은 가벼운 대로 성실하게 다루는 진지함은 문학 본래의 의미에서 볼 때도 역시 중요하다. 모두에게 언젠가는 닥칠 죽음의 문제를 인간관계와 그로부터 파생되는 여러 감정들을 통해 진지하게 바라보는 것이다.

"지상에서 품은 희망을 단념하지 못하는 한 영혼이 살아 있는 이들 곁을 방황한다는 오래된 믿음과 죽음을 경험하고 돌아온 이들의 최근 증언에 기초해" 어린 시절에서 성년으로, 이승에서 저승으로의 이행을 알레고리 기법으로 다루고 있는 이 작품에서 저자가 강조하고 있는 것은 또다른 삶으로서의 죽음이 아니라, 죽음이라는 또다른 삶이다. 죽은 이의 영혼을 통해 죽음이 아닌 삶을 이야기한다. 따라서 이 소설은 "안락사에 관한 소설이라기보다는 삶이 던지는 의문을 다룬 소설, 삶에서 실제로 경험하는 것들에 대한 소설", 인간이 다른 인간을 어떻게 사랑하고 이해하고 도울 수 있는가에 대한 소설이다. 《라 캥젠 리테레르La Quinzaine Littéraire》의 니콜 카사노바의 지적대로 "자신의 죽은 몸을 지켜보고 스스로의 장례식에 참석하는" 정신작용 자체가 아니라 그 정신작용이 제기하는 의문들을 문제 삼고 있는 것이다.

따라서 실제로 사후의 삶이 이 소설에 나오는, 그런 식인가 하는 것에 대한 논란은 작품의 초보적 이해 단계에서 나온다. 그러니까 죽은 후에 인간의 영혼이 정말 미소를 짓고 잠을 자는가에 대한 판단은 이 소설을 누리는 데 중요하지 않다. 고전주의 희곡에서 말하는 '그럴법함vraisemblance'의 리얼리티만 있으면 되는 것이다. "이야기를 서술할 적당한 방법을 찾다가 이런 방식을 취하게 되었다"는 저자의 설명에 귀를 기울이자. "주인공은 가족들의 생각 속으로 들어가지 않는다. 그저 살아 있을 때보다 더 예리하고 다정한 시선으로 그들이 살아가는 모습을 지켜볼 뿐"이다. 그러니까 저자가 말하고 싶은 것이 죽음이 아닌 삶이라는 것, 그래서 사후의 세계 역시 현세와 비슷한 상황으로 설정해야 했다는 것이다. 이런 '또다른 삶'을 통해 저자가 우리에게 환기하고자 하는 것은 지금의 삶을 제대로 보고 있지 않다는 사실이다. 이것이야말로 할리우드의 「사랑과 영혼」과는 다른 이 소설의 존재 이유일 것이다.

이런 진지한 삶의 탐색을 저자는, 많은 평자들이 격찬하는 탄탄한 문장력으로 뒷받침한다. 자신의 전공인 수학적인 정밀성까지 엿보이는 그녀의 문장은 "바로 작가를 판단할 수 있는 기준이다. 그 어떤 인위적인 애매함으로도 실패한 문장을 은폐할 수는 없는 법이니까." 젊은 작가에게서 종종 나타나는 재기발랄한 치기 같은 것을 안느 그로스피롱에게서는 찾아볼 수 없고, 동원하는 수사적 테크닉 역시 대개가 비유법으로, 그것도 현란한 은유보다는 정직한 직유가 대세를 이룬다. 말하고자 하는 만큼만 표현하는, 그 이상의 효과를 계산하지 않는 이런 우직할 정도의 정직성이야말로, 함량 미달의 알맹이를 둘러싼 너무 많은 껍데기들에 식상한 갈리마르의 편집자로 하여금 즉각 출간을 결정하게 한 힘이 아니겠는가. 필요한 이야기를 정직한 문장으로 담아낸 이 글은, 사회성이 떨어진다는 한계에도 불구하고 우리가 간과하고 있던 중요한 삶의 한 단면을 환기시켜주기에 충분하다.

맨해튼의 빌딩 숲속에서 만나는 탈미국적인 사고

〈모든 여자는 러시아 시인을 사랑한다 Every Woman Loves A Russian Poet〉
엘리자베스 던켈 Elizabeth Dunkel
이경숙·장희숙 옮김 | 십일월출판사 | 1994

〈하얀 모슬린 커튼 Under the Mosquito Net〉
엘리자베스 던켈
십일월출판사 | 1994

몇 가지 먼저 말해두어야 할 것들이 있다. 우선 나는 지금 작가도 평론가도 훌륭한 독자도 아니다. 다만 그냥 독자, 나쁘지 않은 독자가 되려고 하고 그러기 위해서는 성실한 책읽기가 무엇보다도 필요하다고 믿고 있다. 그리고 문학 번역을 업으로 하는 역자이기도 한데, 내게 있어서 번역이란 제2의 창작이니 하는 거창함 곁에는 다가서지 못하고 언제나 내용과 표현 사이에서 고민하는 바, 그저 내용의 동등성과 괜찮은 표현을 만들어가는 정도에 머문다. 그리고 언론의 자유가 있는 나라에 살면서, 게다가 전혀 이념적이지도 않은 이야기를 하려고 하면서도 약간의 두려움을 느끼는 소심한 소시민이다. 또 하나 내 취향은 그다지 보편적이랄 수는 없는 모양이다. 내가 직접 편집한 테이프에서 스타니슬라브 부닌의 피아노 연주 뒤에 심수봉이 흘러나오자 동승했던 사람은 힐난하듯 물었으니까. "어울린다고 생각해?"

주드 데브루의 책을 우연히 얻게 되었다. 그리고 국내물인 또 하나는 기쁘고 반가운 마음으로 설레며 사들었다. 일간지 문화면을 압도하는 기사나 5단통 컬러 광고를 전혀 야단스럽다고 생각지 않았다. 그리고 결론부터 말하자면 나는 둘 다에 많이 실망했다. 전자는 예기된 실망이었다. 처음을 읽으면서 끝을 알게 되는 할리우드식의 가벼운, 유일한 존재 이유인 시간을 죽일 수 있다는 장점이 의식을 죽인다는 해독에 빛을 잃고 마는 한심한 소설이었다. 독자 사고의 흐름을 일정한 주형의 멜로 드라마적인 틀 내에서만 형성시키기 때문에 치명적이라는 그람시의 악성 페스트론을 오랜만에 상기했다. 그리고 후자는 일단 서문으로 나를 압도했다가 갈수록 실망하게 만들었다.

그 대가의 이름과 후배 문인들의 귀감이라는 또다른 대가의 이름에, 그 둘에 대해 갖고 있던 그 무엇에 주눅이 들기도 했지만, 여전히 나는 내가 뭘 몰라서 그러리라는 생각을 마음 한구석에서 내쫓지 못하고 있다. 그럼에도 불구하고 일간지에 나온 젊은 평론가들의 평과 탁월한 독자인 S의 '못 쓴 에세이'라는 결론에 전적으로 공감한다. 이 두 권의 책은 어렵다는 출판 시장에서 잘 팔려주는 책들이다. 전자는 붐비는 전철 안에서도 자세를 흩뜨리지 않으려 애쓰는 후배들의 의식을 좀먹고 있다. 그리고 후자는? 낚시터 밥집 아주머니의 무릎에서 그 책을 발견하고 물었다. "재미있으세요?" "그래도 좋은 책이라잖아요."

나는 무슨 얘길 하고 싶은 것일까? 내가 보기엔 훨씬 좋은 책들이 왜 그렇게 형편없이 안 나가느냐고 푸념하고 싶은 것일까? 일간지 전면광고를 딱 한 번 치면 수천 부는 팔아야 손해 보지 않는다는데 출판 광고가 왜들 그렇게 커지는 거냐고, 텔레비전 광고를 하고 있는 출판사에서 그나마 매절로 계약한 원고료를 밀리고 있고, 그 얘기에 관한 한 사장은 어째서 언제나 부재중이냐고, 양과 질 양면에서 자타가 공인하는 최고의 단행본 출판사에서 질 위주로 펴내는 책의 인세는 왜 책으로 대신해야 하는 거냐고, 박봉의 강사에게서 그 책을 공짜로 받아든 학생들이 왜 화가 나야 하는 거냐고, 문화로서의 책은 어디 가고 상품만 범람하고 있느냐는 얘기를 지루하게 하고 싶은 것일까? 아니다. 아니, 아니다. 내가 말하고 싶은 건 다만 그 모두가 어느 정도 우리들 독자 책임이라는 걸 부인할 수 없다는 얘기를 하고 싶은 모양이다. 그런 점에서 우리 모두 직무 유기를 해온 것이 아니냐고, 그 때문에 나는 험담으로 이 글을 시작했고 이제는 정말 하고 싶은 이야기를 하려고 한다.

지금은 투병중인, 내가 좋아하던 한 작가는 소설을 두고 '대중에의 위안'이어야 한다고 말했다. 재미있어야 한다는 말이다. 그런 점에서 나는 멜로드라마와는 구별되는 대중소설을 긍정한다. 그러고 보면 문학을 전공했으면서도 어느 것이 고전이고 어느 것이 대중소설인지 구별하기 어려운 건 역시 뭘 모르는 내게 원인이 있는 걸 게다. 그런데 혹시 그게 당연할 수는 없을까?

그런 의미에서 보건대 엘리자베스 던켈은 미국의 대중작가이고 우리나라에 처음 소개된다. 그녀는 이제까지 두 권의 소설을 발표했는데, 그 소설들은 무엇보다도 재미있다. 그러나 이 재미는 멜로드라마의 그것처럼 일정한 틀을 설정해 그 안에서 주인공에 대한 독자의 동일시 욕구를 얄팍하게 충족시키는 저급한 재미도, 겪지 못한 역사의 황당한 재현이나 언뜻 탁월한 문명비판적 혜안이라 여겨져 머릿속 회색 세포들을 바짝 긴장시켜 읽다가 그만 싱거워져 버리는, '재미없는 재미'와도 다르다. 리얼리즘 전통에 입각해 평균적인 독자를 맨해튼의 분주한 거리로, 유카탄의 열기 아래로 데려가 한 번도 생각해보지 못한 자세로 사랑을 나누게 하는 것이다.

〈모든 여자는 러시아 시인을 사랑한다〉는 적어도 상황 면에서 보면, 자전적인 요소가 강한 소설로, 주인공처럼 엘리자베스 던켈은 뉴욕에서 잘나가는 광고 카피라이터로 일하다가 직장을 그만두고 소설을 쓰기 시작한다. 이런 귀결은 당연한 것처럼 보이는데, 책장 갈피마다 눈에 띄는 집요한 의미 추구는 감각적인 광고 문구만으로는 다 담아내지 못하는 감수성의 깊이를 보여준다. 동시에 언어를 그 효과와 더불어 조련해본 이만이 가질 수 있는 재기발랄함이 문장마다 묻어나고 있다. 사물의 핵심을 뚫어보기 위해서는 주변적이고 사소한 것들에 대한 거의 기계적인 정밀성이 요구된다는 것을 저자는 일찌감치 깨닫고 있는 듯이 보인다. 그런 치밀함은 두 번째 소설 〈하얀 모슬린 커튼〉에서는 훨씬 노련한 자연스러움으로 풀어진다. '진정 놀라운 것은 놀라울 것이 하나도 없는 데 있다'는 것을 방법적으로 깨닫고 있는 것이다.

여러 가지 복선을 중첩시켜 인간의 의지와 운명의 간섭을 그려나가는 두 번째 작품까지를 보고 나면 우리는 엘리자베스 던켈의 작품을 관통하는 특징에 대해 말할 수 있게 된다. 그것은 〈모든 여자…〉에서 뉴욕과 파리로, 〈하얀 모슬린 커튼〉에서 맨해튼과 유카탄이라는 장소의 병렬적 배치를 통해 암시되는 것처럼, 물질과 정신이라는 '두 겹의 진실' 가운데 마침내 그 이면의 연결고리를 발견하게 되는 과정이다. 여기서 그 인식에 도달하게 하는 것은 주인공의 자의식으로, 그것은 성공적인 일상을 구축하는 형식과 언제나 불화하는 골치 아픈 내적 자아를 표상한다. 그리고 이 자의식은 다시 본디적인 '능동적 숙명'과 불화하는데, 이것을 작가는 자신의 행동과 감정에 대해 합리적인 '자기관찰'이 되어야 직성이 풀리는, 현대인의 강박적 문명병으로 진단

하고 있다.

그러나 역설적이게도 두 작품 모두에서 주인공이 '비약'이라고 할 수 있는 깨달음에 이르게 되는 건 바로 이런 제1세계의 합리성을 토대로 해서다. 비판이 가능할 정도로 무르익어 있는, 문명과 도시적인 특성이 절정을 이루는 맨해튼의 빌딩 숲 한가운데서 우리는 '탈 미국적인 사고'를 하고 있는 카챠나 마야 같은 신기한 미국 여자를 만나게 되는 것이다.

〈모든 여자는 러시아 시인을 사랑한다〉에서 러시아 시인이란 '자기와 맞지 않는 남자'를 의미한다. 한국어판에 부치는 글에서 작가가 말하고 있는 것처럼, 모든 여자는 살면서 한 번쯤 맞지 않는 남자를 사랑하게 마련이다. 그리고 자기에게 맞는 남자가 누구인지를 깨닫는 것은 바로 그 러시아 시인과의 사랑을 통해서다.

망명한 러시아 시인 모리스 지모이와, 그리고 정신과 의사 닥터 맨에게 심리 치료 과정 동안 그 사랑을 고백하면서 또 다른 사랑을 꿈꾸는 케이트, 러시아의 물질적 빈곤과 대비되는 뉴욕의 풍요 앞에서 소화불량 증세와 함께 의식의 빈곤까지를 드러내는 모리스 지모이, 환자의 감정적 경도를 치료 과정에서 흔히 나타나는 '감정 전이'로 진단하며 냉정을 견지하다가 결국 스스로도 감정적 혼란에 휘말리는 '역전이' 현상을 보이는 닥터 맨, 그리고 편집증적 집중력으로 그것을 치밀하게 분석하다가 보리스 지모이를 만나 충동에 휩쓸리고 마는 닥터 조앤, 이 네 명의 인물을 통해 작가는, 꼭 현실만큼 참신하고 그만큼 상투적인 결말에 이름으로써 재미있고 깊이 있는 연애소설 하나를 우리에게 선사한다. 그래서 이 글의 역자가 어느 날 한숨을 내쉬며 내뱉었던 것처럼 우리 역시 가슴 뻐근한 애정을 담아 외치게 되는 것이다. 카챠, 이 미친년!

　　이제 나는 던켈의 두번째 소설 〈하얀 모슬린 커튼〉에 대한 언급을 남겨두고 있다. 이 소설이 어떻게 나의 한 달을 송두리째 집어삼켰는지에 대하여, 라틴아메리카에 대하여, 그곳에 대한 나의 놀라운 무관심과 그것에서 기인하는 무지에 대하여, 비교적 의식 있는 제1세계의 여자가 보는 제3세계에 관하여, 그것을 바라보는 제3세계적인 통찰에 관하여, 다시 그 둘을 바라보는 또 다른 제3세계의 나에 관하여, 그리고 천상의 것처럼 다가왔다가 지상의 아무것도 해결하지 못한 채 퇴색하는 사랑에 관하여, 제도로서의 결혼의 허와 실에 관하여, 유카탄 반도 걸프에서 쉬고 있는 국적 없는 '문명'에 관하여, 약물중독과 동성애와 자살에 관하여, 거의 종교처럼 삶을 극한으로 몰아가는 섹스에 관하여, 그쪽으로 열리는 초월의 길과 그 한계에 관하여, 고대 마야의 사원 위에 군림하듯 서 있는 정복자의 신전에 관하여, 처음에는 기후에 나중에는 혁명에 참패당한 제국주의의 그림자에 관하여, 살고 싶은 삶과 살게 되는 삶에 관하여, 도시의 그 치명적인 역기능에 관하여, 인간의 나약함에 관하여, 운명을 개척하는 인간과 그것에 순응하는 인간에 관하여, 고대와 문명이 함께 숨 쉬는 또 다른 인도의 지혜에 관하여, 그리고 마침내 그렇다고 긍정한 미국 여자와 과테말라 남자의, 문명과 자연의, 물질과 정신의, 그 지겹고 끔찍하고 아프고 아름다운 사랑에 관하여 여전히 나는 아무 말도 하지 못하고 있다.

그걸 당신에게 드리고 싶다. 카뮈를 표절하자면, 이제 막 이 소설을 들고 칸쿤 행 비행기에 앉아 마야와 미겔 앙헬을 만나러 가는 질투 나게 행복한 당신에게. 그리고 나는 이런 침묵이 직무유기가 아니라고 감히 말하고 싶다. 이 소설은 적어도 빈 깍지를 교묘하게 포장하지도, 지나치게 단단한 알맹이로 읽는 이를 질리게 하지도 않은 채 재미있고 깊이 있게 그것을 보상해줄 테니까.

책 속에서

떠나고 싶은가?

어떤 그링가(외국여자)를 만나면 나는 그녀가 이곳에서 무엇을 찾고 있을까 자문해본다. 왜냐하면 과거라는 비망록 없이 멕시코에 오는 사람은 없으니까. 각자 다른 과거를 지닌 많은 여자들이 모두 자신에 대한 새로운 이해, 새로운 자신의 면모에 도달하기 위해 애쓰고 있다. 실수로 점철된 게을렀던 지난 삶에서 탈출하려는 이들도 있고, 모험을 추구하기 위해 온 이들도 있으며, 평화와 정적을 추구하는 이들도 있다. 어떤 이들은 가난하기 때문에 이곳에 있다. 아주 작은 돈으로도 아주 멋진 생활, 적도의 꽃들과 이국적인 새소리가 있는 풍요로운 생활을 할 수 있으므로.

어떤 여자들은 사랑에 지친 나머지 휴식을 위해 이곳에 오고, 또 어떤 여자들은 사랑을 찾기 위해 온다. 그런 이들은 지극히 상투적이게도 열정적인 라틴계 연인과 어울리는 그링가가 되기 일쑤다. 신성한 마야 유적에서 심오한 진실을 찾기 위해 오는 이들도 물론 있다. 아주 안 하는 것보다는 늦더라도 하는 편이 낫지 않느냐고 그런 이들은 말한다.

멕시코에 언제 오느냐 하는 것은 슬픔의 깊이가 어느 정도냐에 달려있다. 지금 있는 곳을 떠나 어딘가 다른 곳에 가면 더 행복해질 수 있으리라는 생각이 드는 순간이 바로 그때다. 누군가 나이 들어 멕시코에 왔다면 그 나이가 많을수록 그의 슬픔은 더 크고 더 절망적일 터.

이렇게 해서 우리는 그 어떤 법도 존재하지 않는 땅으로 이끌

려온다. 대기에서는 혼돈의 냄새가 풍기고, 삶은 야성적인 동시에 부드러우며, 나날이 기묘한 용서를 제공하는, 시간 밖에서 현존하는 이 나라는 얼마나 매혹적인가. 마야와 아스텍, 톨텍의 신들, 그 시간을 뛰어넘는 정신성을 지닌 이곳의 분위기는 중후하다. 이곳에서는 그 어떤 일도 불가능하지 않다는 것, 있을 수 없는 일들이 실제로 일어난다는 것, 그리고 한계 없는 가능성 속에서 마음상태에 따라 엄청난 희망을 품을 수도, 혹은 바닥없는 절망에 빠질 수도 있다는 것을 즉각 알게 된다.

  멕시코는 고대의 정신이 오늘날 생생하게 숨쉬고 있다는 점에서 인도와 비슷하다. 다시 말해서 당신으로 하여금 자신의 과거를 삼켜버리고 매일 새로운 자기 자신―당신이 떠나온 그곳에서는 도저히 성취할 수 없을 그 무엇―을 만들어내게 하는 땅이다. 상처 입은 이들이 수정처럼 맑고 깨끗한 이 공기를 호흡하고, 꿰뚫을 듯 밝은 이 빛을 마주한다. 우리는 집을 세내고, 사랑이 다가오기를 기다린다.

  십 년 동안 나는 뉴욕에서 일을 했다. 나는 뉴욕에서 능력 있는 여성이 되었다. 하지만 이제는 나의 삶을 살 때이다…… 이 짧은 3주 동안 나는 유카탄 반도의 한 작은 마을인 돌로레스의 일부가 되었다. 이곳에서 나는 지난 십 년 동안 맨해튼에서 사귄 사람들보다 더 많은 사람들을 만났고, 그들을 사랑하게 되었으며, 그들의 삶에 빠져들었다. 어떻게 내가 그들을 떠날 수 있으며, 돌로레스를 버릴 수 있단 말인가. 뉴욕을 버렸을 때에 비로소 나는 내 삶의 주인이 되었다.

❙ 엘리자베스 던켈의 〈하얀 모슬린 커튼〉(ⓒ 십일월출판사. 1994) 중에서

2장

문학,

'지금 여기'를 넘어서서

문학을 하기 위해 태어났다고 믿었고, 다른 무엇보다도 문학서를 편집했으며, 국문학과 프랑스 문학을 공부했고, 서양 문학서를 번역해왔으며, 문학이 인간 정신의 진화에 기여한다고 굳게 믿고 있긴 하지만, 공부하고 번역하고 믿는 방식에 어떤 정돈된 계통이나 치밀한 근거가 없다. 최근 몇 년 간 두 번의 큰 이사를 하면서 많은 책들을 정리했다. 30년 된 하얀 라일락이 작은 마당 한가운데 자리잡아 봄이면 골목 입구부터 은은한 향을 선사하던 신길동 그 집에서 이사올 때에는 책 정리에 여러 날이 걸렸다. 거실 한켠을 가득 채운 책장에서뿐 아니라, 아래층, 위층, 지하실과 다락에서까지 책들이 튀어나왔던 것이다.

식구 수대로 두세 차례 점검을 거쳐 가져갈 책을 추려낸 다음, 마당에 못 쓰는 매트리스를 깔고 2층 베란다에서 정리할 책들을 던졌다. 어느 오후, 그렇게 몇날며칠 책을 정리하던 식구들은 각각의 감회에 젖어 계단에서, 다락 구석에서, 뜰 한켠에서 책을 깔고 앉아 책을 읽었다. 정리해야 할 산더미 같은 책들을 앞뒤로 두고. 각자 자신의 오늘이 있게 한 책들에게 바치는 경의! 나는 우리집 강아지 뭉치가 읽다가 먹어버린 모리스 블랑쇼를 들고 등나무 아래에 한참을 서 있었다.

도서관으로, 아름다운 가게로, 헌책방으로, 고물상으로 가버린 그 책들의 주종은 '문학'이었다. 그리고 지금 우리집 거실을 차지하고 있는 책장에 꽂힌 대부분의 책들 역시 문학이다. 하면, 나의 이성과 겸손이 좀더 진화되어 있어야 한다고 반성한다.

재창조된 세계, 그 의미부여와 잊히지 않는 것으로 만들기

⟨페스트·추락 La Peste·La Chute⟩
⟨이방인·행복한 죽음·유형과 왕국 L'Etranger· La Mort Heurese·L'Exil et le Royaume⟩
알베르 카뮈 Albert Camus
청하 | 1993

카뮈는 광범위한 의미에서 모두 다섯 편의 소설을 썼다. 이중 ⟨행복한 죽음⟩은 그의 첫 소설로 그 자신은 출판되기를 원치 않았으나, 그의 사후 '자료'적인 성격이 부각되어 출판되기에 이른다(하지만 역자가 보기에 이런 식의 출간은 좀더 신중하게 고려되었어야 했다. 카뮈처럼 많이 고치는 작가— 사실 발자크도 만만치 않다. 츠바이크에 의하면 발자크가 주문해 나온 특수교정지에는 수정을 위한 넓은 칸이 따로 마련되어 있었다. 발자크의 수정이 때로는 그 칸을 넘어 교정지를 뒤덮었음은 물론이다—의 경우 완성본이 사뭇 다른 것이 되었을 것이다. 피카소는 단 하나의 선으로 대상을 그려내기 위해 고심했다. 그러나 '수정'의 대마왕인 나는 지금 초교지 위에 이 글을 쓰면서 단숨에 그려지는 선의 중요성과 끊임없는 퇴고의 미덕을 모두 인정한다).

엄밀한 의미에서 〈이방인〉과 〈페스트〉는 소설roman, 〈추락〉은 이야기récit, 여섯 편의 단편들로 이루어진 〈유형과 왕국〉은 단편소설nouvelle로 분류된다. 이들 소설을 통해 카뮈는 무엇을 말하려고 했을까? 희곡이나 에세이essai와 소설을 구분 짓는 장르상의 의미는 어떤 것일까? 그는 어떤 구도로 어떤 작업 과정을 거쳐 이들 소설을 완성했을까? 인물과 스타일의 특징은? 이런 의문들에 대해서는 각 작품마다 덧붙여진 로제 키요(〈행복한 죽음〉의 경우는 장 사로치가 썼다)의 탁월한 해설이 그 대답이 되어줄 것이다. 다만 그의 소설에서 어떤 의미를 건져내야 하는가 하는 질문에 대한 대답은 우리의 몫으로 남는다.

장 그르니에에 의하면 카뮈의 작품은 "그 작품에 대한 모든 주석을 쓸데없는 것으로 만들어버리는" 그런 어떤 것이다. 그런 만큼 역자는 이 글에서 또다시 그런 '쓸데없음'을 범하지 않으련다. "그런 작품은 하나의 호소와도 같아서 우리는 그것에 대답하지 않을 수 없다. 그것은 독자로 하여금 결정을 강요하고 당혹시키며 자기변명을 하게까지 만든다. 그런 작품은 우리에게 어떠한 회피도 용납하지 않음으로써 소기의 목적을 달성"한다.

이런 카뮈 작품의 특징은 특히 소설 장르에서 극명하게 드러난다. 그 자신이 말한 바, 끊임없는 수정correction을 통해 완벽에 이른 그의 소설은 이 세계의 개연성을 풍부하게 암시하면서(그리하여 얼마나 행복한 공감을 불러일으키는지!) 이 세상에서 또다른 세상으로 들어가는 문을 열어준다. 분명히 있지만, 일상과 습관에 묻혀 깨닫지 못하는 그 아뜩한 심연을 그의 재창조된 세계 속에서 생생하게 경험하게 되는 것이다. 그리하여 우리는 그의 호소에 답하지 않을 수 없다. 당혹감과 자기변명을 지나 이윽고 그 치열함으로 해서 잊히지 않을 의미를 새기게 되는 것이다. 문학을 통한 '영혼의 진화'를 믿는 이들에게 그 경험은 실제 현실의 그것 이상으로 리얼하다. 그 문을 열고 들어가 삶에서 중요한 의미 하나를 건져 올리는 일은 전적으로 이 책을 읽는 당신에게 달려 있다.

대학 2학년 어느 봄날, 〈결혼〉의 갈피 속에, 압생트와 복숭아 향 속에, 젊은 카뮈의 금빛 솜털 속에 코를 박고 걷다가 개나리 덤불 속으로 뛰어들었던 일이 생각난다. 이제 10여 년이 지난 지금 그의 소설 작품 전체를 우리말로 옮기면서, 의미와 표현 속에서 좌충우돌하면서, 무능과 게으름에 아파하면서, 그 노오란 현기를 다시 당한다.

● 이 글은 청하판 카뮈 전집 중 소설작품 전체를 번역하면서 쓴 글이다.

후기

고등학교 때 이후로 내 영웅은 하나다. 카뮈, 알베르 카뮈, 내 영감의 원천이자 열등감의 보고, 정말이지 악수하고 포옹하고 싶었던 이 남자! 이제 털어놓자면 이른 봄 바라의 몸으로 티파사의 해변을 거닐던 그는 내 이상형 남자의 기준이었다.

그래서, 반대 성에 대한 경도가 필연적으로 '피지컬'한 것임에도 불구하고, 카뮈의 소설을 번역하는 일은 내게 종교적인 제의와도 같았다. 하지만 긴장한다고 잘할 수 있는 건 아니다. 내 언어의 가난을, 프랑스어가 아니라 우리말 실력의 부족을 절감한 번역이었다. 그래서 정확하고 유려한 문장을 쓰는 대선배의 번역으로 카뮈의 작가수첩을 읽는 일은 이제 참 감사하다. 두꺼운 외투를 입고 시가를 문 겨울 사진에서부터 플레야드 총서의 띠지에 들어간 손톱만한 얼굴 등 몇 장의 카뮈 사진을 갖고 있지만, 가장 좋아하는 것은 바로 비스듬한 조명 아래서 긴 두상과 부드럽고 예리한 눈빛, 반듯한 콧날이 돋보이는 사진이다. 작은 틀에 넣어져 나와 함께 한 세월이 20년이 넘었다.

책 속에서

거울, 시간, 그림자

나 자신에 대한 오랜 연구 끝에 나는 인간 일반의 깊숙한 이중성을 밝혀낼 수 있었습니다. 기억 속을 뒤져본 나는 내가 겸손을 이용해 나를 돋보이게 했고, 겸허를 이용해 승리했으며, 덕을 이용해 사람들을 위압했다는 사실을 깨달았습니다. 그러니까 나는 싸우지 않으면서 싸우고, 무관심한 척하면서 그것을 이용해 원하는 것들을 모조리 쟁취했던 겁니다. 예를 들어 나는 사람들이 내 생일을 잊는다고 해서 불평한 적이 없었습니다. 그런 내 담담한 태도에 사람들은 감탄하고 놀라워했습니다. 하지만 그런 내 무관심의 진짜 이유는 좀 더 미묘하고 다른 것이었습니다.

나는, 나 스스로 한탄에 잠길 수 있도록 사람들이 잊어주기를 원했던 겁니다. 나는 똑똑히 기억하고 있는, 영광스러워야 할 내 생일 며칠 전부터 세심한 주의를 기울이기 시작했습니다. 그 날에 대한 기억이나 주의를 환기시킬 수 있는 그 어떤 언급도 하지 않기 위해 애썼습니다. 사람들이 그 날이 무슨 날인지 환기 받지 않도록 말입니다. (언젠가는 건물 내의 달력을 고쳐놓을 생각까지 했답니다.) 아무도 내 생일을 기억해주지 않는, 내가 그렇게 외로운 존재라는 것이 확실해지면, 비로소 나는 매력적인 슬픔 속으로 의연하게 빠져들어갈 수 있었으니까요.

▌알베르 카뮈의 〈추락〉(《페스트·추락》ⓒ 청하, 1993) 중에서

그처럼 몇 시간 동안 잠을 자고 추억을 더듬고 잡다한 것들을 읽고 나면 빛과 어둠이 교차하고 시간이 흘렀다. 감옥에 있다 보면 결국 시간 관념을 잃게 된다는 말을 어디선가 읽은 적이 있다. 하지만 내겐 그런 말이 별다른 의미가 없었다. 나는 하루가 얼마나 긴지, 동시에 얼마나 짧을 수 있는지 알지 못했던 것이다. 살아내기에 너무 긴 나날들은 그렇게 길어져서 결국 서로 넘나들게 되고, 그 과정에서 고유한 이름을 잃어버린다. 내게 있어서는 어제 혹은 내일이라는 말만이 의미를 띨 뿐이었다.

▎〈이방인〉(《이방인·행복한 죽음·유형과 왕국》 ⓒ 청하, 1993) 중에서

상처를 경유함으로써
풍경이 바뀐다면

〈새들은 페루에 가서 죽다 Les Oiseaux Vont Mourir au Pérou 〉
로맹 가리 Romain Gary
문학동네 | 2001

"세계의 끝, 페루의 외딴 바닷가로 새들이 날아와 죽는다. 때가 되면 새들은 죽기 위해 먼 길을 날아와 모래 위로 떨어진다. 세계의, 삶의, 절망의 끝…"

로맹 가리의 단편 '새들은 페루에 가서 죽다'는 이렇게 시작한다. 홀로 그것을 바라보는 한 외로운 사내의 시선으로.

참 아리게 쓰는 글로 때때로 나를 긴장시키는 어떤 이의 통찰처럼, "풍경은 밖에 있고, 상처는 내 안에서 살아간다." 어쩌면 문학은 "상처를 통해 풍경으로 건너갈 때" 나오는 것일 게다. 섬세하게 짠 구절들을 음영이 있는 문장으로 마무리하는 방식이 돋보이는 또다른 단편 '류트', 인간성의 이면을 시니컬하게 그리고 있는 '어떤 휴머니스트', 빠른 호흡과 거친 말투와 반전과 긴박감으로 전혀 다른 느낌을 주는 '몰락', 줄곧 천착해오던 인간이라는 주제를 다분히 알레고리적인 방식으로 풀어내는 '비둘기 시민', 거리두기와 뒤집어보기를 통해 참신한 정복자의 모습을 그려낸 '역사의 한 페이지', 서머싯 몸을 방불케하는 반전을 준비해둔 '벽'과 '킬리만자로에서는 모든 것이 순조롭다', 피학적인 묘사의 위력을 과시하는 '지상의 주민들', 나치 학대를 다룬 소설의 새 경지를 여는 '세상에서 가장 오래된 이야기', 그리고 특별히 공들여 쓴 흔적이 역력한, 인류의 미래에 대한 저자의 메시지가 담긴 '우리 고매한 선구자들에게 영광 있으라'에 이르기까지 이 책에 실린 열여섯 편의 기막힌 단편들은, 각각 다른 세공기법을 자랑하면서도 상처라는 공통분모 위에 자리잡고 있다. 독자가 읽게 되는 것은 '로맹 가리라는 상처'를 경유함으로써 바뀐 풍경, 세계, 현실이다. 그 경이로운 변형 속에서 흔치 않은 감동이 솟는다.

　　에밀 아자르라는 가명으로 정체성의 문제를 천착한 〈자기 앞의 생〉(1975년 공쿠르 상 수상)을 비롯해 〈유럽의 교육〉(1945년 비평가 상 수상), 〈하늘의 뿌리〉(1956년 공쿠르 상 수상), 〈새벽의 약속〉 등의 굵직한 작품들로 우뚝 선 이 프랑스 문학의 거장의 진면목을 이 단편집을 통해서야 비로소 알 수 있다고 한다면, 가장 최근에 읽은 책이 으레 누리는 독서 직후의 생생함을 과장하는 것일까. 하지만 이 책 한 권으로 로맹 가리는 내 제단의 몇 안 되는 자리에 앉는다. 서사의 힘과 집중의 효과를 확인하면서 단편의 미덕을 새삼 환기할 수 있었던 고마운 작업이었다.

  30년에 걸친 전방위적 연구와 정치한 필치로써 전기를 또 하나의 삶으로 끌어올린 츠바이크가 발자크를 두고 "그의 진짜 천재성은 의지에 있었다"고 갈파했다면, 또 다른 전기 문학의 거봉인 〈로맹 가리Roman Gary〉(아카데미 프랑세즈 대상 수상)에서 저자 도미니크 보나 Dominique Bona는 사실과 상상력을 양손에 쥐고 이 위대한 문학적 천재의 의식의 골목골목을 탐사한다. 권총 자살로 삶을 마감하기까지 이 고독한 유태계 프랑스인이 줄곧 천착했던 것은 어머니와 함께 남프랑스로 이주해 외롭게 성장했던 자신의 개별적 정체성이 아니라 인간이라는 종種의 정체성이었다. 따라서 그의 상처는 인류의 상처와 맞닿아 있다. 소외와 전쟁과 홀로코스트와 불평등이 개인사의 질곡을 대신하는 것이다. 읽는 이를 풍경 밖으로 나서게 하는, 풍경의 이면을 보게 하는 이런 단편들로 해서 상처는 치유되고 인류는 진화한다.

후기

프린트해서 보내온 교정지에는 누군가 연필로 조심스럽고 세심하게 문장을 손보아놓고 있었다. 수정도 많지 않았지만 그 수정에 동의할 수 없는 것도 없었다. 고맙고 미더웠다. 그렇게 교정지를 보내놓고 책이 나오기를 기다리고 있는데, 군데군데 긴 문장들을 끊었으면 한다는 연락이 왔다. 이 책을 읽는 독자라면 기꺼이 찬찬한 독서를 해줄 것이고, 그런 성의 있는 읽기로 접근하면 적절히 배치된 쉼표의 도움으로, 굳이 문장을 끊지 않아도 충분히 읽을 수 있노라며 버텼다.

실제로 로맹 가리는 '류트'에서 '페루'와는 달리 고의적으로 플로베르를 연상시키는 만연체의 문장을 쓰고 있다. 저자가 끊을 줄 몰라서 길게 쓴 게 아니라고, 작품마다 요구되는 문장의 길이라는 게 있노라고, 좀 흥분해서 메일을 썼던 것 같다. 그리고 오랫동안 서로 연락이 없었다. 그 사이에 우연히 로맹 가리 전공자를 만났다. 내 마음속 그리운 그 집 신촌의 '섬'에서였다. 아는 사람의 아는 사람으로 그날 처음 만나는 분이었는데, "문장을 끊다니요?"하면서 내게 동의해주어서, "흠흠, 맞아맞아"하면서 또 세월을 보냈다. 그러고도 한참 후에 다시 출판사로부터 연락을 받았을 때 내가 왜 이전과는 다르게 문장을 끊는 데 순순히 동의했는지 기억나지 않는다. 그리고 이 글을 쓰는 지금 나는 그것을 원문의 손상으로 기억하면서도 출판의 일부로 이해한다.

내가 받은 고통의 대가로
한 권의 책을

⟨가면의 생 Pseudo⟩
에밀 아자르 Emile Ajar
마음산책 | 2007

애잔하고 역설적이기로 치면 외딴 바닷가에서 펼쳐지는 '새들은 페루에 가서 죽다'에 비할 수 없고, 정교한 세공을 자랑하기로는 '류트'를, 진정성과 유머를 담은 문학적 비망록으로는 ⟨새벽의 약속⟩을 당할 수 없으며, 감동으로 치면 ⟨자기 앞의 생⟩에 자리를 내주어야 하고, 작가를 전체적으로 조망하기로는 도미니크 보나의 전기 ⟨로맹 가리⟩에 미치지 못하는 이 책, "핀란드에서 세르비아 크로아티아까지 유럽의 모든 언어는 물론 영어, 일본어로까지 번역된 그의 소설" 속에 아직 포함되지 않은, 비평가들의 찬사도 대중적 성공도 이렇다 할 문학적 성취와도 거리가 있는 이 작품을 어째서 나는 번역을 마친 지금 그의 세계의 미로를 헤쳐 나갈 실꾸리로 갈무리하지 않을 수 없는가. 어째서 로맹 가리 자신은 이 작품을 "전쟁과 풍상과 조수와 대륙"을 넘나들며 그렇게 오랜 세월 동안 품어온 것일까.

에밀 아자르라는 가명으로 1976년 펴낸 세 번째 작품이자, 전체 작품으로는 스무 번째로 발표된 이 책은 피상적인 연표를 뛰어넘어 그의 문학적 기원에 자리 잡고 있다. 실제로 로맹 가리는 자신이 에밀 아자르임을 밝히는 유고 〈에밀 아자르의 삶과 죽음 Vie et Mort d'Émile Ajar〉 속에서 이 작품을 스무 살 때 시작했노라고 쓰고 있다. "쓰다가 포기했다가 다시 시작하기를 반복"한 이 작품은 작가의 청춘과 장년을 지나 예순 살이 넘어서야 완성된다. 본문에 나오는 거구의 경찰과 작은 경찰의 일화나 성냥불을 둘러싼 그리스도와 모모의 내기 같은 것은 1936년 청년 로맹 가리가 하숙방에서 친구들에게 읽어준 습작의 일부였다. 요컨대 제네바의 모처에서 그가 이 작품을 토해내는 데 걸린 기간은 보름이었지만, 작품이 배태되고 성숙되어 마침내 세상이 나오기까지는 걸린 시간은 무려 40년이었다. 그것을 의식한 것일까. 본문 속에서 저자는 괴테가 파우스트를 완성하기까지 15년여가 걸렸고, 그 기간 동안 파우스트는 "반쪽 얼굴, 하나의 고환"으로 지내야 했노라고 쓰고 있다.

그런 시간의 무게에 걸맞게 이 책에는 스무 살에서 예순 살에 이르기까지 작가의 정신의 궤적이 거의 고스란히 담겨 있다. 다만 이 기록은 표면이 아닌 이면, 공적이 아닌 사적 진술, 보이는 현실이 아니라 보이지 않는 의식에 초점이 맞춰져 있다. 1914년 모스크바에서 태어나 폴란드를 거쳐 프랑스 땅에 정착한 하층 이민자라는 척박한 환경에서 성장해 마침내 자유 프랑스군의 공군으로서 레지옹 도뇌르 훈장을 받고, 〈유럽의 교육〉으로 비평가상을, 〈하늘의 뿌리〉로 공쿠르 상을 수상하며, 유능한 편집자 레슬리 블랜치, 은막의 주인공 진 세버그와 결혼생활을 하고, 프랑스 외교관으로 유럽과 미국 대륙을 누비고, 여러 편의 시나리오를 쓰고 두 편의 영화를 감독하는 치열하고 화려하게 꽃 핀 삶, 요컨대 성공한 군인이자 작가이자 외교관이자 기혼자이자 감독으로서의 삶이 "개찰원이나 배관공의 삶"처럼 긍정적인 의미에서의 위장이었다면, 그 이면의 채워지지 않는 내적 허기와 정체성에 대한 근원적 혼란과 문학의 본질에 대한 회의와 인간의 허위성에 대한 혐오는 차라리 진실이라 할 만하다.

정체성 문제는 로맹 가리 문학의 독특하고 우뚝한 면이다. "폴란드인도 러시아인도 리투아니아인도 유대인도," 그리고 엄밀한 의미에서 프랑스인도 아니었던 로맹 가리의 개인사적 특수성은 그를 일생에 걸친 변신에 투신하게 만들었다. 실제로 단 하나의 피부, 단 하나의 삶 속에 갇혀 지내야 한다는 생각에 몸서리쳤던, 줄곧 새로워지고 한계를 넘어서고자 했던 그의 내부에는 "돈 후앙과 도스토옙스키를 합쳐놓은 인물"을 꿈꾸는 욕구가 자리잡고 있었다. 에밀 아자르 외에 포스코 시니발디(《비둘기를 안은 남자》), 샤탄 보가트(《스테파니의 얼굴들》)라는 가명으로도 작품을 발표한, 강박적이라고까지 할 만한 이런 변신에 대한 집착에는, 화석화된 문단 권력과 평론가들에 대한 도전이라는 말로는 다 설명되지 않는 어떤 트라우마가 엿보인다. 요컨대 그는 "마침내 나 자신을 완전히 표현"하고 싶은 욕구에 시달렸는데, 그 '나'라는 것이 로맹, 에밀, 폴, 알렉스, 팔레비, 자노 라팽, 미밀, 네네스(본문 속에서 주인공에게 사용된 이름) 중 그 누구도 아닌 동시에 그 모두인 것이다. 여기서 로맹 가리 문학의 새로운 지평이 열린다. 그 어디에서도 진정한 소속감을 느낄 수 없었던 그가 그 이유로 해서 역으로 인류의 정체성 탐색이라는 독특한 주제를 찾게 된다.

그리하여 〈우리 고매한 선구자들에게 영광 있으라〉 같은 섬뜩하고 서글픈 거울을 우리 앞에 들이미는 것이다. 도미니크 보나는 그에게는 진정한 유럽인이라는 정의만이 합당하다고 했지만 그는 차라리 '인류의 대표 DNA'의 소지자가 아니었을까. 개인의 상처를 집단의 상처로, 개인적 죄의식을 집단적 죄의식으로 건너가게 하는 가리 특유의 환치는 이 작품에서 좀더 실감나게 천착된다. 어릴 때 새끼 고양이 한 마리를 죽게 한 화자의 죄의식은 우간다의 이디 아민이나 칠레의 피노체트와 자신을 동일시하게 만든다. 칠레와 캄보디아와 아프리카와 소련과 방글라데시가 '지금 여기'가 되고, 박해하는 자와 박해받는 자가 화자 안에 공존하게 되는 것이다.

그리하여 화자는 인류의 공동작품이 된다. 본문 안에서 영원히 열두 살인 모모와 이천몇 살인 그리스도와 인류사와 같은 나이인 화자의 만남은, "이천 살 된 프랑스 대변인이 삼백 살 된 미국 청중에게 스무 세기에 걸친 문명의 이름으로 말한다"고 했던 외교관 시절 로맹 가리의 재치와 한 뿌리의 다른 가지가 아니겠는가. 그가 꿈꾸었던 것은 신도 찾아 읽을 만한 걸작을 쓰는 진정한 작가의 반열에 오르는 것, 솔제니친, 발자크, 도스토옙스키, 앙리 미쇼와 함께 호명되는 것이었다. 어머니와 함께 필명을 고르며 괴테와 셰익스피어와 빅토르 위고라는 이름이 이미 쓰인 것에 안타까워하는 한탄에 명예욕과 자격지심이 깃들어 있었다고 어떻게 그를 비난하겠는가. 상과 명예에 집착하는 작가의 초상은 겸손과는 거리가 멀지만, 소재의 보고라고 할 수 있는 비행사 체험으로부터는 단 한 권의 소설도 끌어내지 않았으며, 책의 서두에서 인용하고 있는 앙리 미쇼에 대해서도 과묵한 경의를 표하고 있다.

종업원이 안 보는 틈을 타서 허용치 이상의 크루아상을 훔쳐 먹으며 성장했던 로맹 가리는 천 개 내지 천오백 개의 그 크루아상을 프랑스 정부의 장학금으로 치부한다. 그로부터 수십 년이 지난 1980년 12월 그가 클로드 갈리마르와 함께 한 식사에는 크루아상 대신 잠시 끊었던 시가가 함께 했다. 데려다 주겠다는 것을 거절하고 싸락눈을 맞으며 집까지 걸어온 그는 권총을 입안에 밀어 넣었다. 우리나라 어떤 독자의 평대로 "읽으면 힘이 빠지는" 로맹 가리는 그렇게 저승으로 소속처를 옮겼다. 화자의 말대로 문제는 소속이었던 것일까.

번역의 원본으로는 메르퀴르 드 프랑스 Mercure de France에서 나온 〈Pseudo〉(Romain Gary[Emile Ajar], 2004)를 사용했고, 역시 메르퀴르 드 프랑스에서 나온 도미니크 보나의 〈로맹 가리〉(1987)와 로맹 가리의 여러 작품들을 참고했다. 도저히 해결 안 되는 단락이 있어 메르퀴르 드 프랑스의 편집자에게 쓴 이메일에 정말이지 저승에 있는 로맹 가리에게 편지를 써서 물어보고 싶다고 썼는데, 다음 순간 먹먹해져버렸다. 그렇게 가지 않았더라도 이젠 이승에 없겠지만, 안경을 벗어 쥔 오른손을 머리 위로 젖히며 환각과 말장난과 도치와 분열이 뒤섞인 그 단락을 명쾌하게 설명해주었으리라는 생각이 들었기 때문이다. 죽음으로 인한 이 손실을 나는 어느 때보다 더 가슴 아프게 내 책임으로 느낀다, 로맹 가리식으로!

노년과 죽음,
그리고
사랑과 언어

〈솔로몬 왕의 고뇌 L'Angoisse du Roi Salomon〉
에밀 아자르 Emile Ajar
마음산책 | 2012

다시, 로맹 가리/에밀 아자르다. 어째서 그는 〈가면의 생〉 마지막에서 그것이 그의 마지막 작품이라고 해놓고는 2년여 만에 다시 그 이름으로 이 작품을 발표한 것일까. 그렇게 치열하고 징그럽게 정체성과 소속의 문제를 파고들어놓고도 여전히 못 다한 이야기가 있었던 것일까? 그리고 나는, 능력을 넘어서는 프랑스어의 말장난과 도치와 역설과 풍자에 그렇게 속수무책으로 당해놓고도, 다시는 로맹 가리/에밀 아자르를 번역하지 않으리라 다짐해놓고도 어째서 다시 이 작품을 잡은 것일까?

그는 이 작품을 1978년에 발표했고 나는 이 책을 2012년에 번역했으니 30여 년의 간격이 있지만, 적어도 그와 내가 같은 문제를 두고 씨름한 것은 분명하다. 그리고 이번에 그 문제는 늙음과 죽음이다. 하긴 누구라서 이 문제를 피해갈 수 있을 것인가. "이 세상은 거대한 난파선, 재주껏 도망치라"는 볼테르의 말은 지극히 타당하지만, 막상 그럴 힘이 된다 해도 난파선의 뱃전을 넘어 저 세상으로 가는 일은 쉽지 않다. 우리 모두는 "어릿광대가 되어 어떻게든 죽음, 그 영원한 미스터리를 면하고자"《르 피가로》)하기 마련이다.

이 작품에서 화자인 장이 솔로몬에게 마드무아젤 코라를 사랑하느냐고 묻자, 그는 이렇게 대답한다. "내 나이가 되면 이건 더 이상 사랑의 문제가 아니라네." 여든다섯 살에도 사랑은 여전히 사랑이고 아침은 여전히 아침일 테지만, 그 나이에는 그 이상이 있고, 이제 나는 그게 뭔지 알 것 같다. 이른바 삶의 반환점을 돌면서, 몇 명의 나이든 이들과 가깝게 지내면서 최근 몇 년 동안 노년은 내게 줄곧 중요한 화두였다.

확실히 더 이상 젊지 않다는 느낌은 그리 나쁘지 않다. 본문에서처럼 굳이 빅토르 위고를 인용하지 않더라도, "젊은이의 눈에 열정이 있다면, 노인의 눈에는 빛이 있는 법." 그러나 자기 택시에 탄 솔로몬 씨에 대해 장이 제대로 표현하고 있는 것처럼, 어딜가든 나이라는 공격자를 등에 지고 다녀야 한다는 건, 저 잉게보르크 바하만이 말하는 '삼십세'의 갑절, 그 이상을 살아내야 한다는 건 어쩌면 '거의 죽음'에 해당하는 일일지도 모른다. 그리고 이 '거의 죽음'은 목전에 닥친 죽음에의 예감으로 언제나 리얼하다. 흰머리와 검버섯과 백내장과 관절염, 의기소침과 우울과 자괴 말고도 우리의 솔로몬 왕을 새벽 두 시에 잠자리에서 일어나게 하는 '고뇌'가 있는 것이다.

나는 작년에 두 개의 죽음을 겪었고, 그 중 하나는, 이렇게 말하는 게 가능하다면 '거의 나 자신의 죽음' 같은 것이었다. 그때까지 내가 죽음에 대해 한 모든 이야기를 취소해야 한다고 느꼈다. 내가 표해온 수많은 애도는, 진심에서 나온 것이긴 했지만 젊음 한가운데서 언급되는 노년처럼 실감을 결여했었으니까. 그러므로 빅토르 위고는 옳다. 빛은 열정을 넘어서고 힘은 지혜를 이기지 못한다. 다만, 빛과 지혜가 과연 열정과 힘보다 더 멀리 갈 수 있는지 나는 아직 알지 못한다.

아내 진 세버그의 뜻밖의 죽음에 오래도록 고통스러워했던 로맹 가리는 이 작품을 발표한 지 2년여 후인 1980년 권총자살로 생을 마감했다. 만약 작중인물 솔로몬이 자기를 창조한 저자가 이런 죽음을 맞았다는 걸 알았다면 어떤 반응을 보였을까. 흠, 적어도 3등급 죽음은 아니었다는 사실로 스스로를 위로했을까. 어쨌든 이런, 나는 알겠다, 그때 로맹 가리의 기분을, 이 세상이라는 난파선의 뱃전이 넘지 못할 정도로 그렇게 높지는 않다는 것을.

이 작품에 등장하는 인물들에게 화자는 다분히 자의적인 애정에 근거한 주관적인 평가를 내리고 있는데, 나는 그것을 비판 없이 받아들이련다. 우선 솔로몬 씨는 장수 세계 신기록을 갱신하기로 굳게 마음먹은 인물로 건강 관리, 외모 관리에 힘을 쏟으며 기성복 사업으로 벌어둔 돈으로 '전화 구조회' 같은 걸 운영하는 한편 도움이 필요한 노인들에게 선행을 베푼다. 코라 라므네르, 곧 마드무아젤 코라는 과거 인기있는 샹송 가수였지만 남자를 잘못 사귀는 바람에 커리어를 일찌감치 끝장내고 혼자 지내고 있다. 화자인 장은 우리식으로 말하면 개인택시 한 대를 동료 둘과 나누어 운영하는 한편 소형가전 같은 것을 수리하는 수리공으로 초등학교를 중퇴하고 독학을 한다. 그러므로, "두아니에 루소의 작품을 연상시키는, 천진함과 서정, 진정성과 탐구정신을 겸비한 아름다운 작품"(《르 마탱》)이라는 평가를 가능하게 하는 건 그의 덕이다. "〈자기 앞의 생〉의 모모가 청년 장이 되어 우리 앞에 나타났는데"(《르 마탱》), 이 장은 〈가면의 생〉에 등장하는 바로 그 자노 라팽이기도 하다. 그리고 제대로 침묵할 줄 아는 서점 아가씨 알린, 크메르 루즈의 대학살에서 살아남은 캄보디아인 퉁, 내전의 땅 아프리카에서 온 요코, 소르본 대학으로 유학온 미국인 척, 그리고 구조회의 인물들이 있다.

브르타뉴 바닷가에서는 원유유출 사고로 수많은 새들이 속절없이 날개를 퍼득거리다가 죽어가고, 이탈리아 극좌파 조직에 납치된 누군가는 결국 시체로 발견되고, 캄보디아에서는 경제성이 없다는 이유로 노인들을 제거하며, 캐나다인 사냥꾼은 새끼 바다표범의 머리를 몽둥이로 내리친다. 솔로몬은 미래를 설계하기 위해 예언가를 찾아가고 구인광고를 뒤적이며, 마드무아젤 코라는 장과의 외출을 위해 진한 화장에 성장을 한다. 디스코장의 불빛은 번쩍거리고, 밤은 깊어간다. 이윽고 장은, 잠자는 보아즈의 이불을 들추고 그 옆에 눕는 룻처럼—위고가 말하는 노인의 빛은 '보아즈'에게서 나온 것일 터—립스틱과 눈물이 범벅이 된 코라의 입술에 입맞춤을 한다, 개인적인 사랑에서가 아니라 보편적인 사랑에서. 그렇게 갈등의 서막이 오른다.

여기서 언어가 등장한다. 다시 말하자면 말의 숲, 사전이 등장한다. 사전은 장의 무기다. 초등학교를 중퇴하고 줄곧 독학을 해온 장에게 사전은 믿음직한 스승이다. 그는 끊임없이 말의 의미를 되짚는다. 명사의 호주머니를 뒤지고 동사의 솔기를 점검한다. 이 작품에서 "비장하고도 생경한 멜로드라마의 기본 얼개를 채우는 언어들은 곡예를 부리듯 현란하고 중의적이다. 화자는 '세관원' 루소처럼 각각의 단어들을 꼼꼼하게 뒤진다. 혹시 감추어진 다른 의미는 없는가 하고."《레 제코 Les Echo》 그리하여 마침내 언어는 제몫을 해내는가. 장은 코라와 솔로몬의 해묵은 관계를 결정적으로 정리하는 데 성공하는가. 이제 알 것 같다. 로맹 가리가 다시 이 작품을 발표한 이유를, 혹은 내가 이 글을 쓰고 있는 이유를. 언어는 사랑만큼이나 강력한 방부제, 이 세상의 미로를 헤쳐나갈 실꾸리라는 것에 그와 나 둘 다 동의하고 있었다는 것을.

번역의 원본으로는 메르퀴르 드 프랑스에서 나온 〈L'Angoisse du Roi Salomon〉(Romain Gary[Emile Ajar], 1979)를 사용했다. 프랑스 문화원 IF의 알렉상드르 사우디Alexandre Saudi, 파리의 박새날에게 불어 문장을, 담당 편집자에게 우리말 문장을 교정하는 데 많은 도움을 받았다. 본문에 나오는 향수어린 샹송들에 자극받아 자크 브렐과 이브 몽탕과 다미아를 들으면서 역자 교정을 보는 동안 하나의 문장이 줄곧 입안에 맴돌았다.

"진짜 삶은 부재중이다. 우리는 이 세상에 속해 있지 않으므로."
— 아르튀르 랭보

책 속에서

최고의 순간은 언제나 사소한 것들로 결정된다

이… 말을 한 순간부터 알린과 나는 진정으로 서로를 이해하기 시작한 것 같다. 그날 밤 우리는 더 이상 그 문제에 대해 말하지 않았다. 우리는 더 이상 아무 이야기도 하지 않았다. 침묵했다. 하지만 그 침묵은 이전과 같은 침묵이 아니었다. 내가 잘 아는 침묵, 거슬리는 침묵이 아니었다. 그것은 새로운 침묵이었다. 보통 밤에 잠을 깨면, 주위의 침묵이 요란하게 소리를 지르기 시작하는 것 같아 나는 가능한 한 빨리 다시 잠들기 위해 애썼다. 하지만 그날 밤 나는 알린과 함께 일부러 깨어 있었다. 한순간도 잃고 싶지 않아서였다. 다시 잠이 들 때마다 마치 누군가 내게서 그 시간을 빼앗아 가는 것 같았다. 그날 밤은 예외적인 것이라고, 믿고 안심해서는 안 될 거라고 나 자신을 타일렀다. 그날 밤은 그저 운이 좋았을 뿐이라고, 무슨 일인가 벌어졌다고 믿어서는 안 된다고 말이다. 요컨대 이른 바 환영이나 환상 같은 것이었다. 사전에는 이 두 단어 중 하나를 자유롭게 택해 써도 된다고 나와 있다. 나는 정말 그런지 확인하고 싶어서 일어나 불을 켰다.

환상phantasme, 현실로부터 벗어나기 위해 동원하는 상상의 노력.
 "뭘 찾는 거야, 장?"
 "환상."
 "그래서?"
 "행복해."
그녀는 내가 자기 곁으로 돌아갈 때까지 기다려주었다.

"물론 나도 알아. 이해할 수 있어. 하지만 겁낼 필요는 없잖아."
"난 이런 일에 습관이 되어 있질 않아. 그리고 내게는 솔로몬 씨라는 친구가 있어. 바지의 제왕이지. 그가 나한테 자신의 고뇌를 전염시켰어. 성서에서 말하는 덧없음, 먼지, 바람의 추구 같은 것들 말이야. 그의 경우는 이해가 가. 여든네 살이라는 나이에는 주어진 것에 트집을 잡으면 기분이 좀 나아질 테니까. 그게 바로 철학인 거지. 또 다른 내 친구 척은 그걸 두고 철학의 산정으로 피신한다고 하지. 거기에서 저 아래 세상의 모든 것을 강렬한 눈빛으로 바라보고 있다는 거야. 하지만 그의 말은 틀렸어. 솔로몬 씨는 너무나도 삶을 사랑하는 사람이야. 삶을 잃지 않으려고 샹젤리제의 캄캄한 지하실에서 사 년이나 숨어 있었을 정도야. 행복을 느낄 때, 사람은 익숙하지 않기 때문에 평소보다 더 겁을 내. 그런 상태를 행복이라고 부르긴 하지만 말이야. 내 생각엔 영리한 사람이라면 평생을 바쳐 불행해지기 위한 준비를 해야 해. 그러면 죽음을 두려워하지 않을 수 있으니까 말이야. 지금 난 잠을 잘 수가 없어. 이건 뭔가에 대해 불안을 느끼기 때문이야. 우리는 지금 행복해. 그렇다고 해서 우리가 헤어지지 않는다는 뜻은 아니잖아?"
"신경안정제 한 알 줄까?"
"수면제 따윈 먹지 않을 거야. 왜냐하면 나는 지금 행복하니까. 제기랄, 이리 와."
"당신이 행복하다고 해서 삶이 당신을 벌주진 않아."

"잘 모르겠어. 알다시피 삶은 눈을 갖고 있고, 행복한 사람은 눈에 띄기 마련이라서 말이야."

햇빛, 반짝이는 커피, 반들거리는 크루아상, 그리고 코끝을 간질이는 입맞춤과 함께 나는 잠에서 깼다. 최고의 순간은 언제나 사소한 것들로 이루어지는 법.

┃에밀 아자르의 〈솔로몬 왕의 고뇌〉(ⓒ 마음산책, 2012) 중에서

애정과 통찰로
문학의
또 다른 진정성에 다가서다

⟨몇 사람 작가에 대한 성찰 Réflexions sur Quelques Écrivains⟩
장 그르니에 Jean Grenier
청하 | 1993

도스토옙스키, 그의 작품의 열쇠, ⟨지하생활자의 수기⟩

톨스토이와 숙명

장 자크 루소, ⟨고독한 산책자의 몽상⟩

니체, ⟨차라투스트라는 이렇게 말했다⟩

알베르 카뮈

세낭쿠르

예술비평가 장 폴랑

작품이란 자기가 자기생식의 대상이자 주체인 신비로운 자리라고 했던가. 개인적인 경험이 언어로 형상화될 때, 그것은 대상의 자리를 넘어 새로운 생명을 획득한다. 생명을 생명이게 하는 데에는 어떤 신비로운 어둠이 필요하다. 태내의 저 어둑하고 풍요로운 환경 같은 이 은밀한 어둠이야말로 작품을 대상 이상의 것에, 단순한 현실모사가 아닌 주체적인 충동과 내적인 구조를 갖는 생명에 접맥시킨다. 그러므로 작품을 둘러싸고 있는 모호성은 그 작품을 풍요하게 하고 성장하고 발전시키기 위한 필요조건이다. "이 모호성은 초점이 어긋난 데서 기인하는 불확실성에서 오는 것이 아니라 오히려 결코 '한꺼번에'가 아닌, 점차적으로만 드러나는 자연이 지닌 확실성의 결과"라고 그르니에는 쓰고 있다.

  이 내밀한 신비로움이 작품에 있어 불가결한 것이라면, 비평은 일변 그 어둠을 낱낱이 드러내 밝히고 생명을 포르말린으로 박제하고 필요한 한계를 무너뜨리는 행위에 다름 아니다. 대개의 경우 비평으로 하여 그 작품은 그 뿌리 내린 토양에서 들어올려져 특유의 생명력을 잃고 만다. 그러나, 평가란 어떤 의미에서든 필요하고 그것을 통해 우리는 작품의 진정한 이해에 도달할 수 있다. 어둠에 싸인 작품의 충동과 구조는 적절한 비평에 의해 정당하게 탐사된다. 그 어둠에 접근하고 그것을 밝히는 방법에 따라 비평은, 그에 가리워 우리가 채 알아내지 못한 진실을 볼 수 있게 하기도 하고, 그 어둠에 힘입어 과대평가되고 신비화되었던 작품의 본래적 가치를 깨닫게 하기도 한다. 그로 하여 우리는 보다 깊고 넓게 작품을 누릴 수 있게 된다.

그의 음성은 나지막하다. 결코 저자의 그것을 덮어 누르지 않는다. 그 나직함에는, 그렇지만, 생명 있는 것—작품, 어둠에 싸인—에 대한 애정과 더불어 필요 이상의 어둠을 걷어내어 문학의 진정성에 다가서려는 예리한 통찰이 함께 한다. 루소의 '거의 신이었음'과 니체의 이른바 '신성'을 갈파해내는 그의 통찰은 얼마나 놀라운가. 카뮈를 말하는 그의 어조는 얼마나 절절하고 지극한가. 통찰과 애정의 이 다행한 합일은 그의 비평을 작품에 대한 주석을 넘어 또 다른 작품의 자리에 이르게 한다. 도스토옙스키, 톨스토이, 루소, 니체, 카뮈, 세낭쿠르, 폴랑에 대한 비평서인 이 책을 하나의 작품이라 부를 수 있는 것도 그러한 이유에서다. 개개 작품의 서문에 붙여졌던 이 글들이 모여 일관된 흐름을 보여주고 있는 것 또한 이상하지 않다. 특정한 작품을 통해서 그르니에는 그 작가의 전체를 파악하고, 그러한 '몇 사람 작가에 대한 성찰'을 통해 작품—작가의 문학적 경험—에 대한, 삶과 인간에 대한 그의 애정과 통찰을 유감없이 드러낸다.

이것이야말로 다른 평자들과 그르니에를 구별 짓는 특징이다. 그는 이론을 세워 그 이론의 입증을 위해 그에 맞는 작품만을 분석하지도, 그렇다고 외곬으로 인상주의적 관점만을 주장하지도 않는다. 도스토옙스키론을 통해 그는 우리로 하여금 〈지하생활자의 수기〉에 대한 진정한 이해에 도달하게 할 뿐만 아니라, 그를 통해 그르니에식 삶의 방식을 맛보게 해준다. 그의 '적절한 조명' 아래서 '비스듬히' 드러나는 작품은 과도한 광선으로 파헤쳐서는 결코 알 수 없는 음영의 울림까지를 들려 준다. 그리하여 그르니에는, 자기생식의 주체인 작품에 대한 그의 글을 다시 작품의 자리로 끌어올림으로써, 그 또한 스스로 자기생식의 대상이 되고 있는 것이다.

 이 책을 우리말로 옮기는 작업은 사실 쉽지 않았다. 그르니에를 읽는 독자들이 만나게 되는, 안개 속을 표류하는 듯한 애매함과 모호함이 작가의 본래적 스타일이라기보다는 단어의 직역이 겹친 데서 오는 게 아닌가 하는 의구를 갖고 있던 터라, 가능한한 이해를 통해 문장을 재구성하려 애썼다. 거기서 오는 오역이 없으리라고 단언할 수 없음이 안타깝다. 또한 그럼에도 불구하고 여전히 군데군데 모호한 채로 남아 있는 이 '한국어판'이 생명에 요구되는 어둠을 지니고 있노라고 나는 감히 말하고 싶은 것일까.

책 속에서

설레는 책읽기!

… 도스토옙스키는 그의 글을 읽는 독자가 마치 길에서 직접 만난 행인이라도 되는 것처럼 달아나지 못하게 팔을 움켜쥐고 말하듯 아주 직접적인 어조로 이야기한다. 독자들은 그의 말에 놀라고 감동해 어깨를 들썩이게 된다. 결국 모든 것은 우리가 받아들이는 인간에 대한 정의에 달려 있다. 인간이란 '피아노의 건반'이나 '올겐의 관'처럼 숱한 사물 중의 하나, 다시 말해 고유의 쓰임새를 위해 만들어진 물건, 곧 하나의 도구인가? 스토아학파의 학자들은 이러한 정의에 이의를 갖지 않았다. 그들은 우주를 다스리는 신의 섭리를 믿었다. 기독교인들 역시 그러했다. 그들은 변치 않는 자연법칙의 창조자로서의 신과 인류의 구원자로서의 신 사이에 거리가 있다고 생각하지 않았다. 그러나 도스토옙스키는 실존의 본질에 대해 많은 숙고를 거친 현대인처럼 그들과는 전혀 다르게 생각했다…

도스토옙스키에 따르면 인간의 실존이란 세상에 근본적인 새로움, 곧 자유, 열정이 동반된 자유를 가져온다. 그 자유야말로 〈지하생활자의 수기〉 저자의 고유한 특징을 이루는 격정적 요소이다. 그 누구도, 심지어 현대의 실존철학자들까지도 도스토옙스키만큼 이 본질적인 원리를 명확하게 밝혀내지 못했다. 인간은 오직 자유로운 존재이다. 인간은 자유를 선고받았고 그 자유에 의해서만 가치 있는 존재라는 것이 도스토옙스키의 근본 생각이었다. 그는 이 자유, 그의 본성으로서의 자유를 원하고 그것을 지키기 위해서라면 그 어떤 고통도, 죽음까지도 불사할 것이라고 덧붙이고 있다.

따라서 자유를 포기한다는 것은 그에게 불가능한 일이었다. 의식이 인간에게 아무리 큰 불행이라 해도 인간은 그것을 그 어떤 안락과도 바꿀 수 없다. 따라서 인간은 필요하다면 즐거움보다는 고통을 택하고 왕국에서의 삶보다 지하에서 살기를 원할 것이다. 여기서 굳이 '필요하다면'이라는 한정어를 쓰는 것은 초기의 도스토옙스키 주석자들과는 상반되는 견해임을 밝히기 위해서다. 도스토옙스키는 결코 '고통을 예찬'한 것이 아니었다. 그는 "지하가 더 좋다는 것은 아니다. 다만 다른 무엇, 아주 다른 어떤 것, 내가 갈망하는 그 어떤 것을 찾을 수 없었을 뿐"이라고 말하고 있지 않은가.

▎'장 그르니에의 〈지하생활자의 수기〉를 중심으로 본 도스토옙스키론'
《몇 사람 작가에 대한 성찰》ⓒ청하, 1990) 중에서

이제 내가 할 수 있는 일은 다양한 빛깔과 풍성한 향기를 담은 한 다발의 들꽃과 같은 이 작품을 여러분 앞에 소개하는 것뿐이다. 이 한 다발의 들꽃을 제대로 껴안기 위해서는 그것을 창조했을 때의 재능과 시간이 필요할 터. 이 꽃들은 그 자체로서는 아무것도 아닐지도 모른다. 하지만 나는 그 안에서 거대한 자연을 호흡한다.

▎'〈전쟁과 평화〉를 중심으로 본 톨스토이론'
《몇 사람 작가에 대한 성찰》ⓒ청하, 1990) 중에서

일생의 어떤 일정한 시기에 읽기에 적당하게 씌어진, 그 특정 시기에서만 감상하기에 적당한, 그런 작품들이 있다. 〈차라투스트라는 이렇게 말했다〉가 바로 그런 범주에 드는 작품이다. 이 책은 젊은 시절을 위한 책이다. 맨 처음 이 책을 책장을 펼치는 우리의 마음은 감동으로 뛰논다. 즐거움과 행복, 영웅주의, 고매함, 기사 모험담으로 독자를 흥분시키는 글을 단숨에 읽어내려간다…

시간이 흐른 후 다시 그 책을 읽게 될 때 우리의 감탄은 숙고에 자리를 내어주고 몇 가지 장애물을 만난다. 이것은 작품의 결함 탓인가, 아니면 우리 자신의 문제인가?

▎'〈차라투스트라는 이렇게 말했다〉를 중심으로 본 프리드리히 니체론'
(《몇 사람 작가에 대한 성찰》ⓒ청하, 1990) 중에서

다시,
잃어버린 시간을
찾아서

⟨밤이 낮에게 하는 이야기 Ce que la Nuit Raconte au Jour⟩
⟨아주 느린 사랑의 발걸음 Le Pas si Lent de l'Amour⟩
엑토르 비앙시오티 Hector Bianciotti
프리미엄북스 | 1999

사실은 마음의 거울에 있는 그대로 투사되는 것이 아니라 마음의 구성 작용에 의해 재조립되어 재인식된다고 했던가. 비앙시오티는 진정한 의미의 자서전이란 존재하지 않는다며 이 작품을 자서전이 아니라 자전 소설이라고 부르고 있는데, 그의 그런 주장은 재료를 선택, 기술하는 것이 자기 자신이기 때문에 객관적이 되기 힘들다는 흔한 근거에서 나온 것이 아니라, 일련의 사진들처럼 정지된 과거의 정황을 사실 그대로 기술하기란 불가능하다 ―《마가진 리테레르》와의 대담에서― 는 예리한 인식에서 나온 것이므로 의미 있다. 또한 사실에 허구가 개입되는 그 순간은, 기억이 망각과 상상에 의해 훼손되는 대신 그 비틀림을 통해 예술로서의 새로운 의의를 획득하는 순간이기도 하다.

한 평자(리제르 모랭,《르 드부아르》)의 말대로 전통적인 의미의 자서전과는 맥을 달리하는 이 작품에서 독자는, 스스로 움직이는 언어가 그려내는 한 문학적 인간이 주인공인 소설을 만나게 된다. 따라서 이탈리아 이민의 후손으로 아르헨티나에서 태어나 농부가 될 운명이었으나, 그곳을 벗어나 정신적 고향인 유럽으로 와서 온갖 역경 끝에 프랑스 문학의 우뚝한 나무로 자리 잡는다는 저자의 외적 프로필에 정통해 있다는 것과 이 작품을 읽는다는 것은 전혀 다른 문제다. 외적 결과의 이면, 사건의 행간을 드러내는 것이야말로 저자의 관심사이기 때문이다.

〈밤이 낮에게 하는 이야기〉는 이 자전소설의 전편을 이루는 것으로, 시간적으로는 저자의 어린 시절에서부터 스물다섯 살이 되기 직전까지를, 공간적으로는 광활한 들판, 빌라 델 로사리오, 코르도바, 부에노스아이레스, 곧 아르헨티나를 배경으로 한다. 후편에 해당하는 〈아주 느린 사랑의 발걸음〉은 유럽으로 건너와 로마, 마드리드를 떠돌다가 마침내 파리에 정착하는 스물다섯 살부터 서른아홉 살 무렵까지를 다루고 있다. 동일한 분량, 비슷한 체제, 일화를 통한 구성이라는 점 역시 같은 이 두 작품은 사실 어느 쪽을 먼저 읽어도 무방하다. 〈밤이 낮에게 하는 이야기〉를 먼저 잡았다면, 버려진 자의식과 막연한 동경만을 지니고 대서양을 횡단한 그 청년을 기다리고 있을 일들이 궁금해질 테고, 〈아주 느린 사랑의 발걸음〉을 손에 들었다면, 화자의 출신 성분과 기질이 궁금해지리라.

　　삶이 나를 찾을 때, 내 마음속에서 영원히 지울 수 없는 존재, 청동 빛 액자 속의 비가, 어느 비오는 날 오후, 첫사랑, 일요일이면 언제나, 같은 강물에 두 번 몸을 담글 수는 없다 등 60편의 단상들로 구성되어 있는 〈밤이 낮에게 하는 이야기〉에는, 기억이 미치는 한 가장 오래된 추억에서부터 저자에게 늘 그리운 어머니, 권위적이고 타산적인 아버지, 순하고 착한 누이들, '가우초'_{남아메리카 초원지대의 카우보이}의 전형인 큰형 등 가족에 대한 단상, 대고모 피노타 타르키노를 둘러싼 일화, 소치기 소년 플로렌시오와 그의 비극적인 죽음, 품위 있는 거지 돈 베니토의 행적, 너무나 드넓어서 차라리 감옥 같은 평원과 그곳의 일상과 축제, 모든 농작물을 철저하게 갉아먹는 메뚜기떼, 부모의 뜻을 꺾고 감행한 신학교행과 그곳에서의 첫사랑, 음악과 문학에 눈떠가는 과정, 인생의 방향을 결정짓게 된 프랑스어의 발견, 당시 부에노스 아이레스 거리를 휩쓸던 독재 정권의 공포, 후디트와의 애증과 이별, 또 다른 우정과 배신, 그리고 마침내 약속의 땅 유럽을 향해 배에 오르기까지가 그려진다. 독자는, 밤이 낮에게, 잠재의식이 의식에게, 어둠이 빛에게, 감정이 이성에게 하는 이야기를 듣게 되는 것이다.

이어 〈아주 느린 사랑의 발걸음〉에서는, 음악이 끝난 후에도 돌고 있는 팽이처럼, 나의 지옥, 모든 것이 운명의 모습을 띨 때, 어느 흐린 날 등 대서양 횡단선상에서 벌어진 일들, 나폴리 빈민가와 '베일에 싸인 그리스도', 전후 로마의 싸구려 하숙집, 동성애와 매춘의 유혹, 연극 수업, 방황과 좌절, 기아와 고통이 어둡게 깔린 마드리드의 뒷골목, 마침내 파리에 정착해 원고 초벌 검토라는 말단직에서 시작해 유능한 편집자이자 작가로 발돋움하는 긴 과정이 역시 일화별로 펼쳐진다. 광장의 계단에 누워 밤하늘을 이불 삼아 잠을 청하고, 시장통의 썩은 과일더미 속을 뒤지면서도 작가로서의 운명을 확신하는, 절망과 좌절 속에서도 저기 길 끝에서 빛나는 한 줄기 희망의 빛을 보아냈던 한 인간의 치열한 일대기가 섬세하고 아름다운 언어로 직조된다. 일어서기 위해서는 먼저 넘어져야 했고, 누리기에 앞서 주려야 했던, 작가 아닌 그 어떤 것도 될 수 없었던 이 대책 없는 한 인간에게 아주 아주 느리게 다가온 사랑의 발걸음을 되짚어가는 것이다.

표면적으로 시간의 흐름에 따르는 것처럼 보이는 이 작품에는 그러한 과거의 시간과 현재의 시간이 거의 줄 단위로까지 줄곧 뒤섞인다. 실제로 멕시코의 대작가 옥타비오 파스가 이 작품을 두고 적절히 지적한 것처럼, "과거 나였던 존재가 현재의 나라는 존재에게 이야기하고 있는 것"이다. 과거에 대한 거리두기를 통해 이루어지는 이러한 자신과의 일방향 대화(과거의 내가 현재의 나에게만 말하는)는 심리 분석적인, 무의식의 흐름까지를 짚어내려는 듯한 가학에 가까운 악착같은 탐색으로 이어지고, 이를 통해 독자는 "나란 무엇인가?"라는 진부하고도 중요한 질문에 이르게 된다.

저자가 지나치리만큼 시시콜콜하고 꼼꼼하게 그려내고 있는 과거는, 그렇지만 단선적이지도 그렇게 명료한 것도 아니다. 비앙시오티의 산문을 특징짓는 개성은 바로 그런 애매성에 일부 빚지고 있다. (《마가진 리테레르》와의 대담을 보면 저자의 말투 역시 그러하다). 1992년과 1995년이라는 3년간의 시차를 두고 펴낸 이 두 권의 책들(1999년 비앙시오티는 이 연작의 세 번째 책 〈공중에 지나간 새의 자취처럼〉을 펴냈다. 이 글을 쓰는 역자에게 막 도착한 그 책표지의 저자 이름 밑에는 '아카데미 프랑세즈 회원'이라는 한 줄이 보태져 있다. 이제 친숙해진 저자의 나이든 사진이 담긴 띠지와 더불어, 그 동안 저자는 프랑스 한림원 입성이라는 놀라운 성취를 이룬 것이다)에 대해 현지 언론들은, "프랑스 문단에서 가장 세련되고 섬세한 문체"(《피가로》), "프랑스 태생의 그 어느 작가보다도 더 완벽한 프랑스어의 구사"(《리르》) 등의 격찬을 보냈지만, 그 스타일상의 비밀이 애매성에 있음을 간파한 사람은 앞서 말한 옥타비오 파스뿐이다(적어도 역자가 확인한 바로는 그렇다). 파스는 그 위대한 애매성을 두고, "인간 존재 전체의 이중 삼중적 구성을 포착할 수 있도록 해주는" "소설과 시가 공유하는 특성"이라고 정확하게 지적한다. "설명하는 대신 그저 보이고 드러내는 데 그치는" 그런 애매성이야말로, 기억의 변덕이 환기하는 한 인간의 내적 초상을 그려내기에 가장 적절한 붓이 아닐 수 없다.

그의 또 다른 문체적 특징은 바로 독특한 연상과 비유에 있다. 〈잃어버린 시간을 찾아서〉의 마르셀 프루스트에 비유되는 그런 저자의 연상, 자신의 문학적 우상이었던 발레리와 공유하는 팽팽한 장력의 비유들은 비앙시오티 산문의 또 다른 비밀 병기로 독자에게 꼼꼼하고 주의깊은 읽기를 요구한다. 흔한 표현수단인 연상과 비유가 비앙시오티에게 있어서만큼은 독특하고 강도 높은 존재감을 갖는 것이다. 아주 어릴 때 자신의 온몸에 친친감겨 있던 붕대의 감촉을 이야기하다가, 문득 지금 현재로 돌아와 그것을 세상의 규범과 관습으로 환치시키는 놀라운 솜씨, 사랑의 파경을, 가지에서 농익어 떨어져 터져버리는 감과 병치시키는 아찔한 재능 앞에서 역자는 잠시 넋을 잃었었다!

이보다 더 극적인 삶, 더 가슴 아픈 사랑, 더 풍요로운 추억이 있을 수 있을 것이다. 다만 그것을 이런 방식으로 그려낸 경우는 참 드물 것이다. 숱한 기억의 편린들이 한 인간이 완성되어가는 과정과 그 근원의 탐구를 매순간 의식하는 '현재의 나'를 줄곧 거치는 만큼, 이 작품을 통해 독자가 궁극적으로 만나게 되는 것, 결국 빠지게 되는 감정은 바로 자기 자신에 대한 것이다. 처음에 인용한 작가의 말에서처럼 저자는 그렇게 해서, "대필자로서의 은밀한 영광에 도달한 셈"이고, 독자는 "그의 언어를 통해 슬픔을 가라앉히고 도취를 떠올리게 되는" 문학적 교류가 일어난다.

끊임없이 뒤섞이는 과거와 현재에 주목하면서 집중력과 주의력을 기꺼이 동원해 이 작품을 읽는다면, 술술 넘어가는 잘 읽히는 책 천 권에 값하는 귀중한 문학적 경험을 얻게 되리라고 감히 단언한다. 사실 그런 독자층이야말로 한 나라의 문화적 두께를 말해주는 가장 정확한 시금석이 아닐까.

랑그 드 프랑스 상,《리르》지 선정 '올해의 책' 등 비평가의 호평 이외에 〈아주 느린 사랑의 발걸음〉이 1999년 프랑스 베스트셀러 3위에 올랐다는 자료를 보고 벅찬 부러움과 함께 그곳 슈퍼마켓에서 만난 한 할머니가 떠올랐다. 파와 조개가 담긴, 헝겊으로 된 낡고 야무진 그녀의 시장 가방에는 아니 에르노Annie Ernaux의 책이 담겨 있었다.

번역을 맡은 지 2년 만에야 끝낼 수 있었던 이 작품은 역자의 능력 부족을 절감케 한 힘든 텍스트였다. 우선 지극히 개인적인 경험을 다루고 있는데다, 과거와 현재, 의식과 무의식을 뒤섞어 그로부터 독특한 문장의 결이 만들어지는 방식을 취하고 있어서였다. 저자의 사고의 흐름에 완전히 밀착되지 않고서는 놓칠 수밖에 없는 표현과 의미들이 곳곳에서 등장했다. 또한 발레리에 대한 경도에서 프랑스어에 입문한, 언어를 현실인식의 한 방식으로 삼는 상징주의자답게 숱한 시어와 비유를 아주 가는 바늘로 촘촘하게 수놓고 있었다.

언어에서 뒤지는 걸 문학성으로 벌충하겠노라는 야무진 각오로 출발했음에도 의미가 확연히 들어오지 않는 부분에서는 대결감에 불타다가 끝내 열패감에 빠져야 했고, 가슴이나 머리로는 완전히 이해한 부분들도 적절한 우리말 표현을 찾느라 부심해야 했다. 해서, 드물게 제대로 표현하는 데 성공한 것에 기뻐하기보다는 번역이란 어차피 '내용의 동등성'을 실현하는 것이라는 사실에 위안 받으면서 건지지 못한 숱한 표현 때문에 더 자주 가슴을 찧어야 했다. 또한 아르헨티나와 이탈리아와 스페인과 프랑스를 오가는 지리적 월경만큼이나 종횡무진한 저자의 지식과 교양을 허둥거리며 따라잡아야 했던, 요컨대 내 위에 있는 텍스트였음을 고백한다. 물론 미진함에도 불구하고, 해내고 말았다는 성취감이 아주 없지는 않다.

　　서울에서 오를레앙으로, 오를레앙에서 다시 서울로 끌고 다니는 동안 모서리가 닳고 책장이 너덜거리는 이 두 권의 책에 대한 긴 여행을 이제 끝내면서 2년 전의 나를 다시 본다. 비앙시오티의 표현대로 하자면, "기억이 망각과 상상 가운데 떠올려주는" 이 책의 책장을 처음 넘기던 2년여 전의 나를 말이다.

　　번역이란 것 자체를 회의하게 만들던 함축과 비유와 생략, 하지만 눈부시게 빛나던 문장들, 오랜 사유의 자취를 보여주는 아포리즘 같은 구절 앞에서 느낀 전율, 초역을 끝낸 어느 날 새벽 미친 듯이 자판을 두들기며 저자에게 썼던 두서없는 편지, 그런 나를 바라보는 또 하나의 나 자신, 오오, 이 모든 것들을 내가 풀어낼 날이 과연 올까, 그리고 그것이 누군가에게 '은밀한 도취'가 될 수 있을까.

저녁은
하루의 끝이 아니다

〈남아 있는 나날 The Remains of the Day〉
가즈오 이시구로 Kazuo Ishiguro
송은경 옮김 | 민음사 | 2009

"마술에 가까운 솜씨"라는 《뉴욕 타임스》의 찬사가 과장이 아니라는 것을 읽어갈수록 확인시켜주는, 일본계 영국작가 가즈오 이시구로의 이 소설은 영어판으로만 100만 부 이상이 팔렸고 20여 개 국어로 번역되어 저자에게 평론가의 찬사뿐 아니라 대중적 성공까지를 안겨주었다. 1954년 일본 나가사키에서 태어나, 1960년 영국으로 이주해 켄트 대학과 이스트 앵글리아 대학에서 수학한 후 런던에서 작품을 쓰고 있는 이시구로는 현재 영국뿐 아니라 세계에서 가장 주목받는 작가 중의 하나로 평가받는다.

　1982년 〈창백한 언덕 풍경 A Pale View of Hills〉(위니프리드 홀트비 기념상 수상), 1986년 〈부유하는 세상의 예술가 An Artist of Floating World〉(휘트브레드 상, 이탈리아 프리미오 스칸노 상 수상, 부커 상 후보)에 이어 세 번째로 발표된 이 장편으로 그는 1989년 부커 상을 수상했다. 1995년 〈위로받지 못한 사람들 Un Consoled〉(첼튼햄 상 수상), 2000년 〈우리가 고아였을 때 When We Were Orphans〉(부커 상 후보)에 이어 문제작 〈나를 보내지 마〉, 그리고 최신작 〈녹턴〉에 이르기까지 가즈오 이시구로의 작품들은 눌러쓴 흔적도, 꿰맨 흔적도 보이지 않는다. 사색의 결을 살린 특유의 문체에 인간과 문명에 대한 비판의 칼날을 담고 있으면서도 감동적이고 재미있게 잘 읽힌다.

　달링턴 홀의 집사로서 평생을 보낸 스티븐스가 새로 그곳을 인수한 새 주인의 호의로 떠난 6일간의 여행을 씨실로, 그곳에서 보낸 그의 과거의 삶을 날실로 해서 짜인 이 작품은 문양이 단순하고 색채가 강하지 않은 태피스트리를 연상시킨다. 씨실과 날실이 교차해 문양을 만들면서 실을 바꿔야 할 때마다 화자는 이야기한다. 집사란 무엇인지, 위대한 집사란 무엇인지, 그냥 집사와 위대한 집사를 나누는 품위란 무엇인지, 자신이 어째서 그냥 집사가 아니라 위대한 집사인지, 위대한 집사가 되기 위해 자신이 어떤 걸 희생해야 했는지를.

　그리고 독자는 스티븐스에게 설득 당한다. 그가 위대한 집사라는 사실에 두손두발 다 들고 동의한다. 그는 집사의 직무를 흠 없이 수행했다. 달링턴 홀의 모든 공간은 '보를 씌우지underwraps' 않고도 말끔하게 유지되었으며, 초상화들은 제자리에서 이탈하는 법이 없었고, 은식기들은 그 어느 저택 것들보다 반짝거렸으며, 초대객들에게는 거슬리지 않을 정도의 극진한 봉사가 제공되었다. 위대한 집사로서 복무하기 위해 그는 친부의 임종을 지키는 일을 포기했고 동료 캔턴 양에 대한 사사로운 감정을 억누르고 결국은 그녀를 떠나보냈다. 요컨대 일류급 집사들의 모임인 '헤이스 소사이어티' 회원답게 사적인 실존을 위해 전문가적 실존을 포기하지 않았다. "나는 다만 나 자신의 전문분야 내에서 지극히 온당하게 움직였을 뿐이다. 그리고 가히 '일등급'이라고 인정받을 만한 수준에서 내 능력 닿는 데까지 직무를 수행한 것밖에 없다"고 그는 힘주어 말한다.

그런데 왜 인생의 황혼녘에서 위대한 집사 스티븐스는 자신이 잘못 살지 않았음을 이리도 절박하게 역설하는 것일까. 이 작품에서 의도적으로 화려함을 버린, 담담하고 나직한 이시구로의 문체가 빛을 발하는 스티븐스의 내레이션은 무엇보다도 자신의 지나온 삶을 정당화하는 데 헌정된다. 그의 목소리는, "아프리카나 미국처럼 전율에 가까운 흥분"이 아니 "땅 자체가 스스로의 아름다움을 자각하고 있어 굳이 소리 높여 외칠 필요를 느끼지 못하는 것 같은" 영국의 자연을 닮아 있다. 그런데 진정 집사다운 집사의 품위에 걸맞지 않게 그는 왜 이토록 자신이 일류라는 것을 매번 강조해야 하는 것일까. 그리 크지 않은 이 태피스트리의 이면에 지나치게 많이 주렁거리는 그 자기합리화의 매듭들이야말로 역설적으로 무봉의 솜씨로 전개되는 이 작품의 이면으로 들어가기 위해 지나야 할 관문이다.

그 자신이 "이지적으로" 선택했다는 달링턴 홀의 주인 달링턴경은 동정 넘치고 온유한 신사였지만 그런 순진성으로 인해 결과적으로 히틀러에게 이용당한다. 제1차 세계대전과 제2차 세계대전 사이, 독일에서 히틀러가 세를 불리는 동안 달링턴 홀은 패전국 독일에 대한 동정을 이끌어내려는 달링턴 경의 물밑 정치의 장으로서 기능하고, 스티븐스의 흠잡을 데 없는 집사 정신은 이에 복무한다. 스티븐스 말대로 그 자신이 "내 한몸 다 바쳐 이분을 섬기겠다"고 선택한 주인이라면, 주인의 "노력이 잘못되었을 뿐 아니라 어리석기까지 했다는 것을 세월이 입증해 주었다"면 그 비난 역시 당연히 나누어가져야 하지 않겠는가?

실제로 달링턴 홀에 대한 스티븐스의 헌신은 그곳에서 일했던 35년 동안 그 저명한 가문에 소속되었다는 긍지로 나타난다. 그리고 여행 셋째 날에는 자신을 귀족으로 여기는 마을사람들의 추측을 굳이 부정하지 않음으로써 달링턴 경과 자신을 동일시하고자 하는 내적 욕망을 발현시킨다. 그러면서도 스티븐스는, "오늘날 나리의 삶과 업적이 안쓰러운 헛수고쯤으로 여겨진다해도 내 탓이라고는 할 수 없다. 나에게도 응분의 가책이나 수치를 느끼라고 하는 것은 논리적으로 앞뒤가 맞지 않다"고 선을 긋는다.

한나 아렌트는 '악의 평범성에 관한 보고서'인 〈예루살렘의 아이히만〉에서 성실하게 일상을 반복함으로써 악을 돕고 악에 이용당하는 범인들의 삶, 그 소름끼치는 관성의 폐해에 대해 말한다. 600여만 명의 유태인을 가스실로 보내는 데 앞장선 전범 아이히만은 도착적이고 가학적인 성향을 지닌 괴물이 아니라 명령에 복종하고 근면하게 직무를 수행하는 평범한 인간이었다. 스티븐스가 훌륭한 집사였다면, 아이히만은 좋은 아버지, 자상한 남편, 성실한 직업인이었다.

계급과 편견과 차별에 길들여져 있었던 근대인의 조건은 고려해야겠지만, 결국 인간은 자신의 더듬이로 길을 가고 그 여정에 대해 책임을 져야 한다. 여행 첫째 날 주인의 포드를 몰던 스티븐스는 왠지 길을 잘못 든 것 같아 차에서 내려 주변을 살피며 회상을 시작한다. 하지만 이 당연한 방향 감각의 발현이 정작 그의 삶에서는 안타깝게도 억압되어 있다. 집사의 품위에 앞서 존중되어야 했던 인간으로서의 품위에 대한 성찰이 없는 것이다. 집사의 정신, 집사의 역할, 집사의 품위는 입는wear 것이지만, 인간으로서의 사고와 행위는 본연적인 것임을 그는 인식하지 못했다.

그리하여 이번에 독자는 설득당하지 않는다. 진실한 알맹이 context 없는 멋진 태도attitude는, 그 품새가 3대에 걸쳐서야 완성된다고 해도 언제든 벗을 수 있는 외적인 것에 지나지 않는다. 은식기의 광채는 식탁을 넘어서지 못하는 것이다. 그 점을 스티븐스 역시 여행을 떠나기 전부터 알고 있는 듯하다. 자신은 집사로서의 품위를 위해 헌신했으나 인간으로서의 품위를 갖지는 못했다는 것을. 흠잡을 데 없는 하녀 둘을 유태인이라는 이유로 해고하라는 '인자한' 주인의 지시를, "식료품 주문 목록을 논하듯" 캔턴 양에게 통고한 것이 또다른 '악'이었다는 것을 그 자신도 알고 있기 때문에 그토록 많은 자기 확인의 매듭들이 필요했던 것이다. 당시 자신도 많은 고민을 했노라고 뒤늦게 토로하는 스티븐스에게 캔턴 양은 묻는다.

"당신은 왜, 왜 항상 그렇게 시치미를 떼고 살아야 하느냐"(why, why, why do you always have to pretend?)고. 결국 루스와 사라는 달링턴 홀에서 해고되었고, 그것을 죄악으로 인식하고 자신도 떠나겠다고 공언했던 캔턴 양은 현실과 타협해 그곳에 남는다. "제가 만약 약간이라도 존경받을 자격이 있는 사람이었다면 벌써 오래전에 달링턴 홀에서 나갔을 거예요."

이 작품에서 캔턴 양은 유능하고 합리적이면서도 조금쯤 비겁하고 타협적인 바로 우리의 모습을 대변한다. 그녀는 집사보다 낮은 총무로서 경력을 마쳤지만, 스티븐스에게는 없는 삶의 나침반을 갖고 있었고 고통스럽지만 그것이 가리키는 방향을 따랐다. 그녀는 거부당한 꽃병을 들고 스티븐스의 방에서 나가 자신을 사랑하는 벤에게로 갔다. 물론 때로는 후회하고 방황하지만 그곳이 자기 자리임을 알고 만족한다. 적어도 그녀는 자신의 삶을 '살았다.' 그리하여 하루 중 가장 좋은 때인 이 저녁에 편안히 과거를 돌아볼 수 있는 것이다. 사족이지만, 원작의 향기를 살리면서 한 시대를 요약하는 우아한 풍미를 시각화하는 데 성공한 제임스 아이보리의 영화에서 엠마 톰슨은 편안하고 놀라운 연기를 보여주었다.

하지만 스티븐스는 여행의 여섯째 날 저녁 바닷가 마을 웨이머스에서 석양 앞에 앉아 그 좋은 저녁을 누리는 대신 할 일을 생각한다. 자신에게 부족한 농담과 유머의 기술을 발전시켜 새 주인과의 관계를 더 잘 이끌어가보려는 것이다. 실제로 스티븐스는 여러 차례 위대한 집사로서의 자신의 자질에 거의 유일한 단점인 부족한 농담 실력에 대해 일화와 함께 언급하고 있다. 하지만, 그가 주인의 부탁을 받고 자연의 이치를 깨쳐주려 했던 젊은 카디널에게 오히려 통렬하게 지적을 당하는 부분에서 독자는, 스티븐스에게 부족했던 것은 농담 실력이나 유머 감각이 아니라 사태 인식 능력의 결여라는 것을 확인할 수 있다. "훌륭하고 숭고한 것을 저들이 어떤 식으로 이용하는지 당신 눈으로 똑똑히 보지see 않았어요, 스티븐스?" "죄송하지만 딱히 그렇다고는 말씀드릴 수 없군요." 아, 보아도 보지 못하는 스티븐스의 맹목이 훌륭한 집사라는 긍지의 옷을 입고 갈팡질팡하는 대목이다.

달링턴 홀의 새 주인 미국인 신사 페러데이는, 전 주인의 경우와는 달리 스티븐스가 이지적으로 충성을 각오해 선택한 인물이 아니다. 오히려 스티븐스는 '일괄매매의 한 품목part of the package'으로 달링턴 홀과 함께 그에게 양도되었다.

　무수한 매듭 끝에 도달한 스티븐스의 이런 궤도수정은 그의 삶만큼이나 정곡을 벗어나 있고, 하루의 끝 무렵 삶 전체를 돌아보고 도달한 결론치고는 미흡하고 안타깝다. 하지만 농담과 유머를 위해서는 계급과 겉치레를 벗어던지고 같은 계단 위에 서야 한다는 전제가 있는 바, 이제 스티븐스는 느리지만 꾸준하게 상호소통의 길로 나아갈 것이라고 독자는 믿고 싶다. 그것은 성공 가능성이 낮은 길이지만, 그 힘든 발걸음을 스티븐스의 장기인 긍지와 성실이 도와줄 것이다.

　그런 그에게서 독자는 희망을 본다. 남아 있는 시간은 많지 않지만 저녁은 아직 끝이 아니다. 그 가능성이 '백중팔구'라 해도 그 가느다란 기대를 열어두는 지점에서, 안도감으로 과거를 돌아보는 캔턴 양이 아니라 주렁거리는 매듭의 수만큼이나 아픈 회오를 안고 다시 일로 돌아가는 스티븐스에게 기꺼이 귀기울여주는 그 지점에서 문학은 시작된다. 이 저녁이라는 시간은 그 가느다란 기대로 해서, 그리고 혹시 스티븐스가 실패하더라도 이번에는 그 여파가 그리 오래가지 않으리라는 역설적인 기대로 해서 이중의 희망으로 작용한다. 아렌트와 이시구로가 만나는 지점이다.

'그랬다'와 '그랬을 수도 있다'의 차이에 대하여

〈나를 보내지 마 Never Let Me Go〉
가즈오 이시구로
민음사 | 2009

혹시 손에 땀을 쥐게 하는 긴장과 흥미진진한 속도감을 기대하고 이 책을 집어 들었다면, 이 작품은 독자의 기대에 부응하지 못할지도 모른다. 미국의 온라인 잡지 《슬레이트(www.slate.com)》에 게재한 애정 어린 해설에서 마거릿 애트우드는 이 작품 〈나를 보내지 마〉가 모든 이들의 구미에 맞는 작품은 아니라고 적절히 지적한다. "주인공들은 전혀 영웅적이지 않고 결말은 불편하다. 그럼에도 어려운 주제를 장인의 솜씨로 눈부시게 벼려낸 이 책을 덮으며 독자는 어두운 유리를 통해 바라본 우리 자신의 모습을 만날 수 있다." 요컨대 이 책은 일정한 거리를 두고 우리 자신의 모습을 직면할 용기가 있는 이들을 위한 것이다. 그러니까 당신이 SF의 소재를 성장 소설의 얼개에 절묘하게 접목시킨 진지한 천착과 잔잔한 감동이 담긴 작품을 원한다면, 정말이지 제대로 고른 것이다.

2005년에 발표한 이 작품 〈나를 보내지 마〉는 현재까지 가즈오 이시구로의 대표작이라고 보아도 좋은 작품이다. 그해 부커 상을 놓고 마지막까지 경합을 벌였고, 2005년 전미 비평가협회상, 2006년 아서 클라크 상의 최종 후보에 올랐으며,《타임스》선정 '2005년 최고의 소설' '현대 100대 영문소설'(1923~2005)로 선정되었고, 2006년 전미 도서협회의 알렉스 상, 독일 바이에른 지방 출판서적연합의 코리네 상을 받았다. "뉘앙스와 미묘함을 표현하는 데 최고"라는 평가(《가디언》)에 걸맞게 이 작품은, 모든 대작은 젊을 때 쓰여진다는 우려 아닌 우려를 불식시키는 완숙함을 자랑한다.

이야기는, 지금은 간병사로 일하는 캐시가 평범한 영국의 기숙학교처럼 보이는 '헤일섬Hailsham'(이 단어를 두고 애트우드는 찰스 디킨스의 작품에서 장애 아동을 착취하는 미스 '하비셤Havisham'을 연결짓는다)에서 보낸 지난날을 회상하는 것으로 시작한다. 매사에 자기 시각을 지닐 줄 알았던 친구 루스, 엉뚱하지만 특유의 통찰력을 지닌 토미, 세상의 아름다움과 지식의 경이로움에 눈뜨도록 도와주는 교사들…….

얼핏 성장 소설로 읽히는 캐시의 이야기 속에 독자의 고개를 갸우뚱하게 만드는 몇 개의 단어들이 등장해, 혹시 몇 줄을 빠뜨리고 읽은 게 아닐까 하고 책장을 뒤적이게 만든다. 자신이 그곳에서 얼마나 행복한 어린 시절을 보냈는지, 다부지고 성격 강한 루스와 어떻게 사귀고 다투고 화해했는지, 평생의 사랑인 토미와 어떻게 엇갈리고 만났는지를 과거와 현재, 그곳과 여기를 오가면서 풀어놓는 캐시의 이야기에서 '간병사' '기증' '완결'에 이어 '근원자' '클론' '일반인' '장기'같은 생경한 단어들과 설명 없이 부딪친다. 독자의 이 '들었으되 듣지 못한' 느낌이 캐시와 토미와 루스가 그들의 성장기 동안 줄곧 사로잡혀 있던 의혹과 연동하면서 마치 추리 소설을 읽는 듯한 긴장을 불러일으킨다. 캐시의 이야기가 단순한 추억담이 아닐지도 모른다는 의혹이 확신으로 바뀌고, 거기에 SF적인 상황이 맞물리면서 책장을 넘기는 속도가 빨라지는 것이다.

작품의 원제 '네버 렛 미 고'는 흘러간 팝송의 제목이면서 사태를 바라보는 두 가지 관점, 곧 한없이 '인간적인' 캐시의 관점과 '마담'으로 대표되는 냉철한 '일반인'의 시선이 교차되는 지점을 보여준다. 캐시가 아이를 가질 수 없는 자신의 운명을 그 노래에 투사하고 있다면, 마담은 그 몸짓을 과학이 약속하는 질병 없는 신세계에 대한 속절없는 저항으로 받아들임으로써 근원에 닿지 못하는 얄팍한 연민의 한계를 드러낸다. 작품의 마지막 부분에서 토미는 자신들에게 사실을 직시하게 해주려다 해고된 루시 선생님의 판단이 옳았다고 말하면서, 아마도 작가가 하고 싶었던 말 한 마디를 내뱉는다. "이 모든 게 정말이지 수치스러운 일이야." 슬프되 감상에 빠지지 않는 이 통찰이 다름 아닌 토미에게서 나왔다는 사실은, 정말 중요한 것에 대한 작가의 입장을 드러낸다는 점에서 의미심장하다.

키이라 나이틀리가 차기작으로 마크 로마넥 감독의 SF 영화를 선택했다(이 영화에서 그녀는 루스로 분했다. 주인공 캐시는 캐리 멀리건이 맡았다)는 소식을 접했을 때 제일 먼저 든 생각은, 아차, 원작 〈나를 보내지 마〉가 그러니까 SF 소설이었지 하는 것이었다. 그 정도로 이 작품은 일반적인 SF 소설과는 거리가 있다. 실제로 작가가 "인간의 삶의 방식에 주목하고 싶었다"고 강조하고 있지 않더라도 이 작품은 스칼렛 요한슨 주연의 영화「아일랜드」나 올더스 헉슬리의 〈멋진 신세계〉 같은 디스토피아적 작품과는 달리 깊은 문학적 울림을 갖고 삶과 인간을 향수하고 사랑하고 성찰하는 데까지 나아간다. 그리하여 사색의 결을 살린 특유의 문체에 담긴 우리 모두의 가슴 속에 자리 잡고 있는 '유년'의 보편적인 정서, 그리고 우정과 애정의 미묘한 엇갈림, 인간과 문명에 대한 비판을 만나게 되는 것이다.

피터 캠프가 《타임스》에 쓴 서평에서처럼 "대상을 다루는 이시구로의 솜씨는 이렇듯 이제 가히 대가의 경지를 자랑한다." 의도적으로 나직하게 읊조리며 감정의 골목골목을 찬찬히 답파하는 그의 문장은 '그랬다'와 '그랬을 수도 있다'를 구별하는 것이 중요하다는 것을 독자에게 환기시키는, 요컨대 뉘앙스에 주목하는 섬세한 어떤 것이다. 그러니까 작가는 사건이나 정황을 사실적으로 묘사하려는 것이 아니라, 그 사건을 바라보는 시선과 그 정황에 관계하는 심리의 결을 고운 붓질로 드러내고자 한다. 그리하여 화자의 성격뿐 아니라 저자의 성격, 그리고 작품의 성격까지 간접적으로 드러내는 성과를 거둔다. 오늘의 세계 문학을 이끌어 가는 최고의 작가라는 평론가들의 찬사와, 이 책을 읽고 비로소 문학의 우아함과 미묘함에 대해 알게 됐다는 독자의 고백을 저자에게 안겨준, 우리가 왜 책을 읽는가 하는 물음에 값하는 작품이다.

책 속에서

텅 빈 들판에 바람이 지나간다

"어딘가에 있는, 물살이 무척 빠른 강이 줄곧 머릿속에 떠올라. 그 물속에서 두 사람은 온 힘을 다해 서로 부둥켜안지만 결국은 어쩔 수가 없어. 물살이 너무 강하거든. 서로를 잡았던 손에 힘이 빠지고 두 사람은 서로 헤어지게 되는 거야. 우리가 바로 그런 것 같아. 부끄러운 일이야, 캐시. 우린 평생 서로 사랑했으니까. 그런데 영원히 함께 있을 수가 없는 거야."

바로 그 순간 거기에 서서 그 기묘한 잡동사니들을 바라보며, 텅 빈 들판에 바람이 지나가는 것을 느끼며 나는 환상에 가까운 상상에 빠져들었다. 왜냐하면 요컨대 그곳은 노퍼크였고, 때는 토미를 잃은 지 겨우 두어 주밖에 되지 않았기 때문이다. 나는 반쯤 눈을 감고 상상했다. 어린 시절 이후 잃어버린 모든 것들이 이곳에 모여 있다고, 이 앞에 이렇게 서서 가만히 기다리면 들판을 지나 저 멀리 지평선에서 하나의 얼굴이 처음에는 조그맣게 떠올라 점점 커져서 마침내 그것이 토미의 얼굴이라는 것을 알아볼 수 있으리라고, 이윽고 토미가 손을 흔들고, 어쩌면 나를 소리쳐 부를지도 모른다고. 이 환상은 그 이상으로 진전되지 않았다. 그 이상 진전시킬 수가 없었다. 눈물이 뺨을 타고 흘러내렸지만 나는 흐느끼지도, 자제력을 잃지도 않았다. 다만 잠시 그렇게 서 있다가 차로 돌아가 가야 할 곳을 향해 출발했을 뿐이다.

▎가즈오 이시구로의 〈나를 보내지 마〉(ⓒ (주)민음사, 2009) 중에서

결코 눈부시지 않지만 너무 어둡지 않고, 지루하게 반복되지만 한순간 벅차게 아름다운

〈녹턴 Nocturnes : Five Stories of Music and Nightfall〉
가즈오 이시구로
민음사 | 2010

서양 문학을 번역하다 보면 어느 순간 그 이야기가 우리와는 문화와 역사가 다른, 지식과 비판을 갖춘 독법이 필요한 남의 나라 이야기라는 사실을 잊는 순간이 있다. 뒤집어 말하면 이는 곧 느리게나마 오랫동안 번역을 해오면서 내가 줄곧 어떤 강박관념을 갖고 있었다는 말일 것이다. 문학이란 그 자체로 고유의 의미가 있는 것이지만 남의 문학, 특히 제1세계 작품을 대할 경우에는 촘촘하고 튼튼한 깔때기를 준비하지 않고서는 문제의 '보바리슴'에 은연중에 먹힐지도 모른다는 불안이 적어도 내게는 줄곧 자리 잡고 있었던 것 같다. 그러니까 작품을 제대로 이해하기 위해서는 배경과 의도를 주체적으로 해석해야 한다는 당연한 이야기 외에 제3세계의 번역자로서 제1세계 작품에 내재된 세련된 전략을 잊지 않아야 한다는 경각심이나 자격지심 같은 것 말이다.

그런데 그런 것을 잊게 되는 순간들이 있다. 아마도 몇 년 전부터 그런 전투적 의식이 점점 옅어진 것 같다. 존재 기반이 존재의식을 결정짓는다고 했던가. 그게 GNP나 OECD 가입 같은 것과 일정 정도 관련이 있겠지만, 어쨌든 이제 서양 문학을 제국주의와 관련해서 보지 않을 수 있게 되었다고 할까.

현재 세계에서 가장 주목받는 작가 중 하나인 가즈오 이시구로에게는, 이런 면에서 근본적으로 읽는 이를 무장 해제시키는 또 다른 이유가 있다. 이시구로는 1954년에 일본 나가사키에서 일본인 부모에게서 태어나 1960년에 가족을 따라 영국으로 이주해 철학과 문예 창작을 공부한 후, 20대에 싱어송라이터를 꿈꾸기도 했으나 착실히 작가의 길을 걸어왔다. 이러한 이력에서 보듯, 그가 일본계 영국 작가라는 점도 우리가 그렇게 느끼는 이유의 하나겠지만, 그보다는 문학을 대하는 작가 자신의 태도가 반영되었기 때문일 것이다. 이에 대해 작가 자신은 이렇게 말하고 있다.

"나는 '인터내셔널한' 소설을 쓰는 작가이고 싶다. 인터내셔널한 소설이란 무엇인가? 그것은 다양한 배경을 가진 세계 전역의 독자들이 모두 공감할 수 있는 삶의 비전이 담긴, 그렇지만 상당히 단순한 소설이라고 나는 믿는다. 대륙을 넘나들지만 세계의 어느 후미진 한구석에서도 단단히 뿌리내릴 수 있는 인물들을 품고 있는 그런 소설 말이다."(www.contemporarywriters.com)

이런 의도를 작가 특유의 절제된 품격과 담백한 서술이 뒷받침한다. 현란한 은유나 심장한 함축과는 거리가 있는, 하지만 큰 바위나 작은 자갈을 자연의 속도로 어루만지는 시냇물 같은 문장은 독자를 편안하게 작품 안으로 끌어들이고, 나직한 목소리의 성실한 주인공들은 자기 자리에서 조용하게 최선을 다하는 일이 왜 중요한지를 환기시킨다.

이런 특징은 영국에 사는 한 일본인 미망인의 목소리로 나가사키의 정신적 파괴와 재건을 그려 낸 첫 장편 〈창백한 언덕 풍경〉, 전직 예술가의 시선으로 제2차 세계대전에 대한 일본의 태도를 탐사하는 〈부유하는 세상의 예술가〉, 문학적 성공과 더불어 영화로도 제작되어 작가에게 세계적 명성을 안겨준 〈남아 있는 나날〉, 현실과 의식을 오가는 실험적인 문제작 〈위로받지 못한 사람들〉, 20년 전 부모의 실종 사건을 파헤치는 한 사립 탐정의 이야기를 담은 〈우리가 고아였을 때〉, 인간이란 도대체 무엇인지를 아프게 묻는 대표작 〈나를 보내지 마〉, 그리고 이 〈녹턴〉에 이르기까지 그의 전 작품을 관통한다.

따라서 1, 2차 세계 대전이 주된 소재로 등장한다 해도 〈창백한 언덕 풍경〉과 〈부유하는 세상의 예술가〉와 〈남아 있는 나날〉이 역사소설이 아니며, 탐정이 미스터리를 파헤친다 해서 〈우리가 고아였을 때〉가 추리소설이랄 수 없고, 대체 현실을 다루고 있다 해도 〈나를 보내지 마〉가 기존의 의미에서 사이언스픽션이 아닌 이유가 여기에 있다. 요컨대 가즈오 이시구로는 자신의 관심이 장르나 소재를 넘어서서 다만 '인간'에 있다고, 문학의 기능이 내면적이고 문화적인 진화에 있다고 우리를 설득한다. 그 설득의 임무를 맡은 그의 페르소나들은 분홍보다는 푸른빛이고, 아침보다는 저녁이며, 성공보다는 실패 쪽에 가깝게 위치해 있으면서도 인간적인 품위와 희망을 잃지 않는다. 그래서 우리는 스티븐스(〈남아 있는 나날〉)에게, 토미와 케이시(〈나를 보내지 마〉)에게, 린디와 스티브(〈녹턴〉)에게 전폭적인 지지까지는 아니라도 비판의 깔때기를 슬며시 내려놓고, 그들이 아직 남아 있는 시간 동안 좀더 행복하기를 바라게 되는 것이다.

여섯 권의 장편소설에 이어 저자가 처음으로 내놓은 소설집인 이 작품 〈녹턴〉은 부제 그대로 '음악과 황혼에 대한 다섯 가지 이야기'다. 야상곡夜想曲이라고도 불리는 '녹턴nocturne'의 사전적 정의는 "저녁이나 밤에 어울리는 감정을 나타내는 몽상적인 성격의 작품"이다.

첫째 이야기 '크루너'에는 토니 가드너라는 한때 명성을 누렸던 가수가 등장한다. '크루너'란 '나직하게 노래하다, 조그맣게 속삭이다'라는 뜻인 'croon'에서 파생된 단어로, 1930~40년대에 유행했던 부드러운 콧소리가 가미된 크룬 창법을 구사하는 가수를 말한다. 「대부」의 테마가 하루에 아홉 차례 울려 퍼지기 일쑤인 베네치아 산마르코 광장, 상설 밴드의 일원인 폴란드 출신의 기타리스트가 어느 봄날 아침 어머니가 좋아하던 크루너 가수 토니 가드너를 발견하는 것으로 시작하는 이 이야기는, 토니가 곤돌라에서 세레나데를 부르는 이벤트에 그를 끌어들이면서 예기치 못한 궤도로 접어든다. 이 오프닝 스토리는 작품 전체에 멜랑콜리한 분위기를 드리우고 전체 방향을 암시한다.

둘째 이야기 '비가 오나 해가 뜨나', 곧 '기쁠 때나 슬플 때나'는 레이 찰스의 노래 제목에서 딴 것으로, 외국에서 영어를 가르치는 남자가 런던의 대학교 동창 커플의 집에 초대되어 벌어지는 일을 소재로 한다. 그리고 이를 통해 사람과 사람의 관계가 어떻게 이어지고 엇갈리는지, 우리 안에 있는 이상이 어떤 점화 장치를 만나면 폭발하는지, 그것이 왜 대개 불발로 끝나고 마는지, 또한 그 불발이 어떻게 삶의 내공이 되어 가는지를 익살스럽게 보여준다.

셋째 이야기 '말번힐스'는 이 작품집의 백미라 할 만하다. 젊고 재능 있는 무명의 싱어송라이터가 런던에서 일자리를 찾다가 여의치 않자 시골에서 카페를 경영하는 누이 부부의 집에 머물면서 노래를 만든다. 그러던 어느 날 관광차 그곳에 온 역시 프로뮤지션인 스위스인 부부를 만난다. 삶의 반환점을 돈 그 부부를 통해, 그리고 동일한 사태에 전혀 상반된 반응을 보이는 두 가지 '태도'를 통해, 개인의 의지가 인생을 어떻게 바꿀 수 있는지, 동시에 이른바 운명 앞에서 인간의 의지가 얼마나 속수무책이 될 수 있는지를 사실적이고 날카롭게 포착한다.

표제작이자 넷째 이야기인 '녹턴'에서는 첫째 이야기에 등장한 토니 가드너의 아내 린디 가드너가 다시 등장한다. 재능은 있지만 못생긴 외모 때문에 무명의 세월을 보내는 한 색소포니스트가 성형수술을 받고 베벌리힐스의 호화스러운 호텔에서 회복기를 보내던 중 토니 가드너와 이혼한 후 성형수술을 받고 그곳에 온 린디를 만난다. 「대부」의 테마와 더불어 이 작품집의 주제가라 할 만한 토니 가드너의 노래가 베네치아 운하에 이어 이번에는 베벌리힐스의 고급 호텔방에 울려 퍼진다.

마지막 이야기 '첼리스트'에 등장하는 카페 뮤지션은 첫째 화자 얀의 뒤를 잇는 광장 상설 밴드의 일원으로, 그날 점심 이후에만 세 번째로 「대부」의 테마를 연주하다가 역시 광장에 앉은 안면 있는 헝가리인 첼리스트 청년을 발견한다. 그러면서 스스로 첼로의 대가라고 자처하던 중년의 미국 여자가 그 청년에게 새로운 연주법을 가르쳤던 몇 년 전의 일을 회상한다. 예술에 있어서 잠재력의 허와 실을 잘 짚어 내는 작품이다.

어쩌면 이 이야기들은 정교한 세공 솜씨를 보여 주면서도 이렇다 할 엔딩도 확실한 결론도 없는 듯하고, 손에 땀을 쥐게 하는 긴박감이 없는 것은 아니지만 전체적으로 잔잔하고 일상적이라고 여겨질 수도 있다. 하지만 로버트 맥팔레인(《선데이 타임스》)이 적절히 지적하고 있는 것처럼 "녹턴의 가장 흥미로운 점은 이런 밋밋함에 있다. 문장의 질감은 거의 두드러지지 않고, 구성은 의도적으로 단순하며, 다섯 개의 이야기 속에서 화자들의 목소리는 복제된 것처럼 비슷하다. 이런 밋밋함을 수놓는 '반복'이야말로 작가의 전략으로, 일단 이러한 되풀이가 의도적인 것임을 간파하고 나면 독자는 그 반복의 구조가 몹시 복잡하다는 것을 깨닫게 된다. 그것을 기록하기 위해 오선지가 필요할 정도로."

그리하여 "세심하게 표백된 스틸 속에 자리 잡은 그 반복들은 하나하나 누적되어 폭발을 예비하지만"(《타임스》), 끝내 결정적인 폭발로 이어지지는 않는다. 다만 "그것들이 어우러져 책을 덮고 난 한참 후까지도 공명 효과를 만들어 낼"(《텔레그라프》) 뿐이다. '천의무봉天衣無縫'의 솜씨란 바로 이런 것이 아닐까. 흐릿하고 밋밋하며 지지부진하고 지리멸렬하게 반복되는 가운데 가끔 눈부신 햇빛이 비치거나 환한 별빛이 쏟아져 내리거나 할 뿐인 삶을, 동양이든 서양이든, 제3세계든 제1세계든 사람의 삶을 묘사하는 데 이보다 더 적절한 방법이 있을까.

쓰인 것보다 쓰이지 않은 것으로, 문장보다 행간으로 '인과의 고리'를 찾다

〈창백한 언덕 풍경 A Pale View of Hills〉
가즈오 이시구로
민음사 | 2012

인생에는 공짜가 없고(짱짱한 90세 어른이 최근 다시 확인해준 말이니 믿어도 좋다!), 우주는 큰 원을 그리며 돌고 돈다. 우리가 추구하는 것이 어쩌면 다행히도 대개는 먼지로 돌아가고 하늘 아래 새것은 없지만, 모든 행위에는 대가가 따른다. 상처는 어김이 없고, 거기 깃든 우주의 미세한 숨결은 엔트로피의 법칙을 따라 그대로 사라지는 법이 없다. 갈라진 틈 사이로 천길 아래 심연이 언뜻 지나가는 그런 아찔한 순간이 있다. 제2차 세계대전을 종식시키는 방식으로 인간은 같은 인간에게 원자폭탄을 안기는 것을 선택했다. 홀로코스트의 히틀러가 있는 독일이 아니라 유럽이나 아메리카에서 지리적으로 먼 아시아의 동쪽 일본에 말이다. 확실히 나가사키는 체르노빌이나 후쿠시마와는 다르다. 그 다름을 미묘하게 환기시키고, 그 파장을 냉정하게 가늠하는 소설 하나가 여기 있다.

    화자 에츠코는 저자처럼 나가사키에서 태어나 현재 영국에 살고 있다. 사별한 영국인 남편과의 사이에서 낳은 딸 니키가 시골집을 방문한다. 딸과의 산책길에서 에츠코는 그네에 매달린 소녀를 우연히 목격한다. 소녀, 그네, 매달림이 마들렌과 홍차처럼 실마리가 되어 그녀를 과거로 이끈다. 과거를 회상하고 싶지 않다는 이유에서 둘째 딸에게 일본식 이름을 붙이는 데 반대했던 그녀가 이제 그 시절을, 첫 남편 지로와 그의 아버지 오가타 상, 이웃 친구 사치코와 그녀의 딸 마리코에 대한 기억을 차분히 짚어나간다. 그리고 이 모든 회상이 가리키는 방향, 거기에 첫 남편과의 사이에서 낳은 딸 게이코와 게이코의 자살이 있다.

    마리코는 게이코의 분신이다. 전후의 고통스러운 삶 속에서 자기 아기를 익사시켜야 했던 여인을 목격하고 충격을 받은 마리코는 이 작품에서 몇 번의 아슬아슬한 고비에 접근한다. 하지만 밧줄의 고리 속으로 목을 밀어 넣는 것은 그 애가 아니다. 사치코는 가문의 몰락과 남편의 부재가 약속하는 "빈 방들뿐인" 연명의 삶을 거부하고 배신을 떡 먹듯이 하는 프랭크에게 기대 아메리칸드림을 꿈꾸지만, 프랭크는 저 〈나비부인〉에 나오는 핀커튼의 다른 이름일 뿐이다. 에츠코는 마리코의 행복을 들어 그런 사치코에게 반대하지만, 훗날 게이코가 행복할 수 없으리라는 것을 알면서도 재혼한 영국인 남편과 일본을 떠나는 건 바로 에츠코다. 모성애는 절박한 자아를 이기지 못하고, 마리코가 아끼던 고양이들은 '집'이 될 뻔했던 채소 상자 안에 갇혀 강물에 떠내려간다. 에츠코의 신발에 감겨 있던 끈을 보고 마리코는 도망치고 제대로 도망치지 못하는 것은 오히려 게이코다. 인과의 연결 고리는 다중적이고 아득하며, 우주의 에너지는 신비롭게 흘러간다.

관습과 전통은 나가사키의 하늘 위를 줄곧 떠돌고 있지만, 변화는 필연적이고 가차 없다. 에츠코의 시아버지 오가타 상은 일본의 과거 모습처럼 품위 있고 성실하지만 편협하고 쇄국적이다. 극한의 상실을 딛고 삶을 이어가는 후지와라 부인, 서양의 합리적 사고방식을 받아들였지만 의식은 완고하기 이를 데 없는 지로, 서둘러 과거를 비판하고 새로운 미래를 열기를 원하는 마쓰다 시게오 등 작품 속 인물들은 개인적 이미지가 함축하고 있는 이상의 카테고리를 만들어낸다. 결국 오가타 상은 은퇴하고, 후지와라 부인은 국수를 말고, 지로는 아내와 딸을 떠나보낸다. 게이코는 자살하고, 에츠코는 회상하며, 시골집에서 잠을 이루지 못하던 니키는 서둘러 런던으로 돌아간다. 과거와 현재와 미래가 뒤섞이고 연결된다. 동양과 서양의 결합이기도 한 니키에 대해 독자는 단 한 가지는 확실하게 알 수 있다. 이 모든 것과 얽혀 있으면서 아무것에도 묶이고 싶어 하지 않는 그녀야말로 작가가 말하는 우리의 미래라는 것!

이 책의 제목 'A Pale View of Hills'를 어떻게 번역할 것인가를 두고 꽤 오래 여러 차례 생각했고 편집자와도 의견을 나누었다. 희미한, 아련한, 희끄무레한, 쓸쓸한… 하고 뇌면서 주인공 에츠코가 바라보던 나가사키의 언덕 능선을 눈앞에 떠올리자, 그 풍경이 장 지오노의 신음하고 약동하는 대지처럼 생명을 지닌 존재로 다가왔다. 희미하고 아련하고 흐릿하고 쓸쓸하면서도 그 어느 것도 딱 맞아떨어지지 않았던 이유를 알 것 같았다. 또한 전쟁의 상처와 개인의 심상이 투영되어야 할 듯해서, 다소 어색할 수 있지만 '창백한 언덕 풍경'으로 결정했다. 가즈오 이시구로의 작품들은 특히 '느끼는 만큼 보이는' 스펙트럼이 상당히 크다. 'The Remains of the Day'가 '시대의 유산'이 아니라 '남아 있는 날들'(송은경 옮김)인 것이 영화가 아닌 책을 읽고 더 잘 이해되는 것처럼.

이 작품이 발표된 당시 《뉴욕 타임스》에서 지적했듯이 이야기는 "화자의 기억을 따라 그 이후에 시작되지만 나가사키 원폭 사건은 그 중심에 자리 잡고 있다." 하지만 이 소설은 피어오르는 버섯구름, 아비규환, 처절한 비명 같은 것들과는 거리가 멀다. 오히려 깔끔하고 절제된, 조용하게 심금을 울리는, "문앞에 철쭉이 피어 있는 작은 집"을 연상시킨다. 주인공 에츠코는 그렇게 담담하고 나직하게 과거를 불러온다. 서랍장을 열자 밑바닥에 넣어둔 가족사진에 오후의 빛살이 한 순간 머무는 것처럼. 이 책에서는 "말해진 것보다 말해지지 않은 것이 종종 더 중요하다."《뉴욕 타임스》)

바람 부는 잿빛 아침, 비 내리는 뜰, 고요함, 떠돌기, 기억, 연한 빛깔의 도기, 슬픔과 기쁨이 뒤섞인 감정, 언덕 위 가파르고 좁은 길들, 점점 짙어지는 어둠, 으스스한 마력, 기묘하게 텅 빈 표정, 수풀의 감촉, 대기보다 더 짙은 빛, 그해 여름 황무지, 구름을 배경으로 펼쳐지는 창백한 언덕의 능선. 이렇게 문장보다는 행간으로, 언표보다는 침묵으로 말하기는 학습으로 얻어질 수 없는 어떤 것이다. 이 어둡고 신비로운 소설에 내재된 것은 문학적 계산이나 포석이 아니라 오히려 적절히 분비되는 재능인 것 같다. "설득력 있는 인물들이 등장하는 경이로 가득 찬 매력적인 작품, 엘레지와 아이러니 사이의 균형에 주목할 것"《뉴욕 타임스》)이라는 평은 적절하다. 이 작품이 발표된 후 모든 언론에서 주목한 바 있는 이런 미묘한 표현 방식을 첫 작품부터 자기화할 수 있다는 것은 작가로서 큰 행운이고, 해야 할 말보다 훨씬 더 많은 말들이 넘치는 시대를 사는 우리에게 그런 작가가 있다는 것은 더 큰 행운이다.

파리, 작은 호텔방, 주어진 시간은 나흘,
이제 그는 긴 이야기를 시작한다

〈동쪽의 계단 Les Échelles du Levant〉
아민 말루프 Amin Maalouf
정신세계사 | 1997

어둑한 파리의 지하철 안에서 당신은 왠지 낯익은 그 사람을 만난다. 당신이 기억하고 있는 사진 속의 그 청년은 이제 반백의 노신사가 되어 있다. 특별한 의도도 작정도 없이 당신은 열차에서 내리는 그의 뒤를 쫓는다. 작은 호텔방, 주어진 시간은 나흘, 그는 이야기를 시작하고, 당신은 그가 이끄는 대로 이야기 속의 '동쪽의 계단'을 오르기 시작한다. 먼지투성이의 노란 카펫이 깔린 복도를 지나서.

"이 이야기는 내 이야기가 아니다"라는 첫 장의 진술로 저자는, 무릎 위에 수첩을 올려놓고 그 이야기를 적어나가는 기록자의 자리로 물러난다. 이를 두고 어떤 평자는, 일정한 거리를 유지함으로써 이중구조의 틀을 구축해 해설의 여지를 확보하기 위한 장치라고 지적한다.

'동쪽의 계단Échelles du levant'이란 과거 유럽인들이 동양으로 들어가는 관문이었던 일련의 교역도시들에 붙인 이름이다. 터키의 콘스탄티노플, 스미른, 아디나에서 시작해 레바논의 베이루트를 거쳐 이집트의 알렉산드리아에 이르는 그 도시들은 오래전부터 서로 다른 언어와 관습과 종교가 뒤섞이던, 상대적으로 열린 곳이었지만, 극동의 우리에겐 그때나 지금이나 오지로 남아 있다. 지역적으로 크게 다를 바 없는 유대문화권에 대한 관심에 비해 턱없이 부족한 이슬람 문화권에 대한 우리의 이해에 대해 잠시 돌아보는 일도 필요하다. 중국-일본-미국으로 이어지는 우리의 정치 문화적 필터링에서 그 이유의 일단을 찾을 수 있겠고, 그 찬란한 문명이 꽃피던 그 역동적인 세계가 주변으로 물러나버린 것에도 기인할 것이다.

그의 조국 레바논을 비롯한 중동 제국의 전통과 종교와 문화를 담아낸 아민 말루프의 작품들이 거장의 솜씨라는 찬사에도 불구하고, 제1세계 프랑스 문학의 한 범주에 머물 수밖에 없는 현실은 그런 '주변'의 한계와 연동한다. 〈아랍인의 눈으로 본 십자군전쟁〉(1983), 16세기 어느 여행가의 일생을 다룬 첫 소설 〈아프리카인 레옹Léon l'African〉(1996), 페르시아의 전설적인 시인 오마르 하이얌의 일생을 재

구성한 〈사마르칸드〉(1988), 마니교의 창시자인 예언자 마니의 도정을 담은 〈마니〉(1991), 공쿠르 상을 받은 〈타니오스의 바위〉(1993)에 이르기까지 말루프가 집요하게 천착하고 있는 '역사의 행간'에는, 제3세계 작가로서 조국의 종교분쟁을 피해 프랑스에 정착해 프랑스어로 글을 쓰고 있는 그의 고뇌가 담겨 있다.

오스만 제국의 몰락, 양차 세계대전, 항독저항운동, 터키에 대한 열강의 신탁통치, 이스라엘 국가 수립, 중동 전쟁 발발 등 20세기에 중동을 휩쓴 굵직한 사건들을 배경으로 아랍 사내로서 유태 처녀를 사랑하게 되는 주인공의 삶을 다룬 이 작품에는 개인의 삶이 역사에 휘둘릴 때 벌어지는 속수무책의 비극이 담겨 있다. 아르마니아인들에 대한 대학살의 와중에서 오스만 왕족의 후예인 아버지와 아르메니아인 어머니 사이에서 태어난 주인공 오시안의 일생은, 오늘날 중동을 화약고로 만들고 있는 인종적, 종교적 갈등을 체화한 것으로, 비슷한 시기에 열강의 개입과 분단의 아픔을 겪은 우리의 역사를 돌아보게 한다.

저자는 주인공의 삶을 참여와 체념이라는 빛과 그림자로 구분한다. 아버지의 기대에 부응하며 보낸 유년, 눈부신 학업상의 성취, 항독 저항운동, 동지이자 연인인 클라라와의 결혼에 이르는 전반 30여 년의 삶과 정신병원에 수용되어 희망을 박탈당해야 했던 이후 20여 년의 삶이 대비된다. 그리고, 저자는 이 체념과 그림자의 삶에 더 많은 비중을 할애한다. 행동으로 옮기지 못한 바람, 입밖에 내지 못한 말, 지켜지지 못한 약속 같은 것들이 혁혁한 무훈이나 설득력있는 말보다 더 큰 울림을 갖는 것이다.

격랑 속에 휘말린 지푸라기처럼, 이윽고 주인공은 운명에 저항하기를 포기한다. 비겁함과 소심함을 생존의 도구로 갖춘 요양소에서의 삶은 어떤 점에서 쉬울 수 있다. 운명에 수동적으로 순응하고 자기 결정의 기회를 언제까지나 유예하는 그 삶에서, 불의에 대한 저항과 매일의 결단을 촉구하는 귀찮은 자아는, 유예의 삶이 주는 나른한 안락을 최면제로 삼아 안전하게 마취중이다. 그러나 마지막까지 남아 있던 극미량의 자아로 인해 이제 그는 진정한 저항의 길로 나선다.

그 동인으로 작용하는 것은 '진부하게도' 사랑이다. 그것은 뿌리깊은 반목과 분쟁에 맞서 저자가 선택한 무기다. 유태교와 이슬람교, 유태인과 아랍인간의 화해와 관용을 통해 '술탄의 고귀한 다섯 손가락'의 지위를 회복하자고, 말루프는 터키인에게, 아르메니아인에게, 아랍인에게, 그리스인에게, 유태인들에게, 우리 모두에게 호소한다.

4,000광년 떨어진 고치 성운에서
쏘아보내는 빛이 영원히 '현재'인 이유

⟨4의 비밀 Pars Vite et Reviens Tard⟩
프레드 바르가스Fred Vargas
민음사 | 2009

열차에서 추리소설을 읽는 여행자는 하나의 불안에 의지해 다른 불안을 일시적으로 억압한다. 여행자는 여행의 불확실성에, 자신이 다다를 지점, 자신이 그 지점에 다다랐을 때 일어날 일들에 의식적으로든 무의식적으로든 공포를 느낀다. 그런 공포를 그는 자신의 개인적인 운명과 무관한 범죄와 범죄자에 대한 순수한 공포에 연루됨으로써 일시적으로 억압한다. 이런 발터 벤야민의 고찰을 언급하면서 에르네스트 만델은, 마르크스주의자가 범죄소설을 분석하는 데 시간을 쓴다는 것이 경박하게 보이지 않을까 우려하면서 어떤 연구라도 본성상 다른 연구보다 가치가 덜하지 않노라고 매력적으로 변명한다.

    나는 그런 에르네스트 만델에게, 만델이 인용한 벤야민에게, 플라톤을 든든한 배경 삼아 말하고 싶다, 이제 막 자리를 확인하고 가장 편안한 자세를 취하고 추리소설을 펼쳐든 여행자의 몇 시간짜리 공포 역시 그의 구체적이고 개인적인 공포와 본질상 동일한 가치를 갖는다고. 진상과 허상의 그 상호유기적인 소통이야말로 저 아름다운 고치성운(IC5146)에서 쏘아 보내는 4,000광년 거리의 빛을 내 것으로 느끼게 해주는 것이 아니겠느냐고.

    통속문학과 비통속문학을 가르는 기준이 성찰의 깊이에 있다면, 범죄가 등장하는 비통속문학과 추리소설을 구별하는 것은 아마도 작품의 중심에 놓여 있는 것이 미스터리인가, 드라마적 모호함인가가 될 터이다. 애거서 크리스티의 〈애크로이드 살인사건〉과 〈맥베스〉, 레이먼드 챈들러의 〈안녕 내 사랑〉과 〈죄와 벌〉에는 사실 범죄행위를 둘러싼 미스터리와 인간 행동의 동기와 운명 사이의 탐구 모두가 일정 함량 이상 포함되어 있다. '깨진 거울'에 비쳐진 저자의 주관성을 통해 인간과 사회를 반영하든, 독자 취향에 일정 부분 영합해 상업적인 성과를 거두든 간에. 그러므로 에르퀼 푸아로가 지성으로 가꾸는 그의 콧수염이 지독히도 작위적이라든가, 필립 말로의 이데올로기가 본질적으로 부르주아적이라든가, 아르센 뤼팽의 변모술과 레토릭이 아이들 취향이라든가 하는 비판적 분석은 잠시 접어두자.

그보다 애거서 크리스티가 서스펜스를 창조하고 그것을 지속시키는 데 있어서 얼마나 뛰어난지, 세부에 집중하고자 일부러 원고지를 반쪽만 사용했던 레이먼드 챈들러가 그리하여 얼마나 놀라운 '장면들'을 우리에게 선물할 수 있었는지에 대해 말하고 싶다. 자신의 〈일기〉에서 대실 해밋의 〈붉은 수확〉을 언급하면서 그 안의 대화들이 헤밍웨이나 포크너 이상이라고 격찬한 앙드레 지드를 이 자리에 불러오고 싶다. 그리고 마침내 '끝없이 두 갈래로 갈라지는 길이 있는' 보르헤스의 뜰로 나서고 싶다.

사실 작품을 읽기에 앞서 꼭 필요한 사전 지식 같은 것은 없다. 그래서 나는 지금 이 책을 집어든 당신에게, 저 카뮈가 〈섬〉의 첫 장을 넘기는 누군가에게 느꼈던 그 '질투'를 느낀다. 인간 내면이라는 방대한 미스터리를 역사적 고고학적 신화적 지식과 연관시켜 프랑스 문학의 전통을 추리와 접목시켰다든지, 그리하여 추리소설Roman policier이 그녀에게 와서 정통 소설적 성격이 강한 '롬폴rompol'이 되었다든지, 미스터리나 주인공 중심이 아니라 등장하는 인물 모두의 드라마가 당신을 노심초사하게 만들 거라든지, 세련된 언어의 맛을 음미할 수 있는 대화를 페이지마다 만날 수 있다든지, 70년대 이탈리아 좌파 혁명가에서 작가로 변신한 체자레 바티스티에 대한 그녀의 글 〈바티스티에 대한 진실〉이 참여하는 지식인으로서의 그녀의 다른 면모를 보여

줄 거라든지, 에이전시에서 받은 그녀의 이메일 주소에 '누출 금지' 당부가 붙어 있을 정도로 독자들의 적극적인 사랑을 받고 있다든지 하는 정보들은 굳이 취하지 않아도 된다.

다만, "장자크 루소는 내 첫사랑이었다. (…) 나는 아직도 아무리 좋은 이야기일지라도 문장에서 음악을 느낄 수 없다면 아무것도 아니라고 믿고 있다"(《가디언》 2008), "앵글로 색슨 소설과는 달리 (…) 소설의 줄거리격인 외줄 화살표 옆에 주변 사람의 이야기, 이상한 짐승, 사람 사이의 정, 기묘한 설화 등을 삽입한 것은 궁극적으로 독자에게 위안이 되기를 바라서였다. 사건이 해결되는 것을 보고 독자들이 '내 인생도 다 잘 풀릴 거야'라고 안도하며 잠자리에 들기를 바란다"(2006년말 《조선일보》와의 대담) 같은 저자 자신의 말은 전하고 싶다. 그리고 이 책 〈Pars Vite et Reviens Tard(빨리 떠나라, 그리고 늦게 돌아오라)〉의 한국어판 번역자로서, 알베르 카뮈와 로맹 가리의 문장 앞에서만큼 긴장했고 행복했음을 고백하고 싶다.

치밀하고 처절하게
펜으로 '인간'을 파헤치다

〈밤의 실종 Disparue dans la Nuit〉
얀 크펠렉 Yann Queffélec
책세상 | 1995

〈야만의 결혼 Les Noces Barbares〉으로 1985년 공쿠르 상을 받은 얀 크펠렉은 '대형작가 부재'라는 오늘날의 프랑스 문단에서 예외적으로 높은 작품성을 인정받고 있는 중견작가이다. 그는, 그리스 비극으로 거슬러 올라가는, 프랑스 문학의 대표적 특징이라고 할 수 있는 파스칼적 비극을 진지하게 천착함으로써 전통을 잇는 동시에, 한 편의 드라마를 보는 듯한 영상적인 기법을 구사한다. 〈야만의 결혼〉에 이어 이 작품 역시 영화화되었고 〈수평선 아래의 여자 La Femme sous l'Horizon〉(1988)

로 보그 옴 로망 시네마 상을 받았다.
    재미와 의미를 모두 만족시키는 그의 작품의 비밀은 리얼리즘과 쉬르리얼리즘을 접맥한 독특한 문체에서 나온다. 극히 객관적인 거리를 차분하게 유지하다가 문득 한달음에 인물의 내면으로 파고들어가 자동기술 방식으로 심리 지도를 그려내는 것이다. 이에 대해 탁월한 평론가 피에르 르파프는 이렇게 말한다. "크펠렉은 에밀 졸라처럼 콘크리트의 지옥 속으로 직접 들어가는 대신, 손에 수첩을 든 채 불행의 징후들을 상세하고 꼼꼼하게 적어나간다. 그는 끔찍한 비극의 집행자도 아니고, 그렇다고 그 비극을 구경하는 방관자도 아니다. 그저 독자로 하여금 그 고통과 억압의 실체를 뼛속까지 생생하게 느끼게 만들기 위해 쓰고 있을 뿐."
    등장인물의 심리묘사를 위해 저자는 의식의 흐름을 충실하게 좇는다. 때로 그것은 무의식의 심연까지를 파고든다. 극히 '정상적'인 줄거리 전개 속에 아연 '비정상적'으로 끼어드는 이러한 심리기술은 이 작품이 대중 소설의 범주로 떨어지는 것을 단단하게 붙잡아준다. 또한 가학적이라고까지 할 수 있는 치밀하고 처절한 묘사는 독자로 하여금 주인공의 고통을 아찔할 정도로 실감하게 만들어 도저히 손에서 책을 놓을 수 없도록 만든다.
    비극은 일그러진 인물들의 내면에서 비롯된다. 이들의 불행은 그 일그러짐이 외부적인 행태에서 끝나지 않고 이를 극복하려는 시도 자체가 원천적으로 봉쇄당하는 내면적인 의지 부재에 있다. 인간이 다른 인간에게 가하는 부당한 학대는 피학대자의 삶을 망가뜨리는 데

그치지 않고 삶을 대하는 태도 자체를 왜곡시키는 가공할 폭력을 행사한다. 그리고 그런 가해의 칼날이 정상적으로 보이는 보통 사람들에게 내재되어 있다는 사실을 작가는 환기하면서, 비틀리고 변형된 심리의 골목골목을 차근하게 답파해나간다.

제라르 드 코르탕즈《마가진 리테레르》의 지적대로 얀 크펠렉은 이렇듯 상처입고 소외된 사람들과의 관계를 통해 '인간이란 무엇인가'에 접근한다. 부모와의 불화, 실패한 첫사랑, 참혹한 전쟁에 대한 기억으로 왜곡된 다비드, 가족으로 인한 상처로 방황하는 레나, 억압과 차별 한가운데서 사랑에 눈뜨는 모모는, 신들이 인간의 운명을 결정짓는 저 아테네의 동산에서 내려와 콘크리트 빌딩 속을 배회한다, 그 어떤 신도 줄 수 없는 자기 운명의 패스워드를 찾아서.

3장

내 안의

**니콜라에게
말 걸기**

하늘의 무지개를 바라볼 때면
내 마음 뛴다.
내 삶이 시작될 때도 그랬고
어른인 지금도 그렇고
내가 늙어도 그러하리라.
그렇지 않다면 차라리 죽는 편이 나으리!
어린이는 어른의 아버지
부디 내 삶의 하루하루가
자연스런 경건함에서 벗어나지 않을 수 있기를.

— 윌리엄 워즈워스, 〈무지개〉

My heart leaps up when I behold
A rainbow in the sky:
So was it when my life began;
So is it now I am a man;
So be it when I shall grow old,
Or let me die!
The Child is father of the Man;
I could wish my days to be
Bound each to each by natural piety.

— William Wordsworth, "The Rainbow"

눈이 아니라
마음으로 보면

〈어린왕자 Le Petit Prince〉
앙투안 드 생텍쥐페리 Antoine de Saint-Exupéry
대원사 | 2009(개정판)

코끼리를 잡아먹은 보아뱀 그림을 알아보지 못했던 걸 보면, 내가 처음 이 작품을 읽었을 때 아마도 어린이가 아니었던 모양이다. 하지만 글의 말미에서 특별할 것 하나 없는 사막 풍경을 골똘히 들여다보며 언젠가 사하라에 가면 이 장소를 눈으로가 아니라 마음으로 찾아보리라, 했던 기억이 떠오르는 것을 보면 다행히 그렇게 어른도 아니었던 것 같다. "하늘가의 무지개를 바라보면 내 가슴 뛰노라"라고 시작하는 시에서 워즈워스가 "어른의 아버지인 어린이"를 순진과 경건의 표상으로 보았다면, 이 글에서 생텍쥐페리는 어린이의 통찰력에 주목한다.

특별할 것 없는 상자 그림에서 병든 양도, 숫양도, 너무 늙은 양도 아닌 자신이 꼭 원하는 양을 찾아내는 그 생텍스식 통찰력에는 놀랍게도 매일 아침 세수를 한 다음 어김없이 자기 별도 세수를 시켜주는 책임감이 함께하고 있다. 불을 뿜고 있는 두 개의 화산뿐 아니라 불이 꺼져버린 나머지 화산 하나도 꼼꼼하게 청소를 거르지 않음으로써 만약의 사태에 대비하고, 바오밥 나무의 어린 싹을 알아채는 즉시 뽑아버리는 일을 게을리하지 않는 어린왕자의 행동은 충분히 '어른'스럽고, 어째서 자신의 양이 자신이 사랑하는 장미꽃을 먹어야 하는지, 네 개의 가시에도 불구하고 장미는 왜 양에게 먹혀야 하는가 하는 그의 문제제기는, 해지는 것을 마흔네 번이나 보아야 했던 어느날의 슬픔만큼이나 심오하다.

그가 자기 별에 머물러 있었다면, 소행성 325, 326, 327, 328, 329, 330을 거쳐 지구별을 방문하는 일은, 사하라 사막 한가운데에 떨어져 역시 그곳에 불시착한 화자와 만나는 것으로 시작되는 이 글은 나오지 않았을 것이다. 따라서 그가 자기 별을 떠난 이유야말로 중요한데, 그것은 어디서 왔는지 모를 씨앗에서 어느날 피어난 장미꽃과의 불화 때문이다. 어린왕자를 마당쇠로 부리기로 작정이라도 한 것처럼 물을, 덮개를, 바람막이를 요구하며 까칠하게 나오는 장미꽃과의 '관계'는 어린이의 통찰력으로도 풀 수 없는 난제였던 모양이다.

111명의 왕, 7,000명의 지리학자, 90만 명의 사업가, 750만 명의 주정뱅이, 3억 1,100만 명의 허풍선이가 살고 있는, 여섯 개의 소행성을 모두 합쳐놓은 이 지구별에서, 뱀과 여우와 화자를 만남으로써 어린왕자는 상호소통하는 삶에 대해 한수 배우게 된다.

여기서 이 작품에서 가장 중요한 개념인 '길들이기'가 나온다. 망망한 허무의 바다 속에 좌초하지 않기 위해 상대를 길들이고, 자신을 길들이도록 상대에게 내어주는 것이다. 그런데 어린왕자에게 이런 길들임이 일어난 대상은 지리학자가 기록할 만한 가치를 지닌, 오랜 세월을 두고 변하지 않는 산이나 강이 아니라 불안정하고 덧없고 언젠가는 죽어야 할 존재인 장미꽃이나 여우이다. 여우를 통해 길들이기와 책임을 깨달은 어린왕자는 자신이 그 꽃을 마음의 눈으로 보지 않았다는 것을 인정하고, 책임을 다하기 위해 자신의 별로 돌아가기를 선택한다.

어린왕자는 과연 무사히 자기 별로 돌아갔을까? 가죽 끈이 없는 부리망 때문에 화자의 걱정대로, 우주 어딘가에서 양 한 마리가 장미꽃 한 송이를 먹어치우진 않았을까? 그리하여 밤하늘의 별들을 바라보면 어린왕자의 방울 같은 웃음소리 대신 눈물이 방울방울 떨어지는 것이 아닐까? 슬픔이 가라앉고 나면 어린왕자는 다시 이동하는 철새 떼를 타고 장미꽃 없는 자기 별을 떠나 자기가 길들인 여우도 있고, 화자도 있는 이 지구별로 돌아오지 않을까? 아아, 이 책의 내용을 적은 엽서를 교환하던 그 시절, 금빛 대신 푸른 머플러를 어린왕자처럼 꼭 그렇게 한 번만 목뒤로 넘겨 둘렀던 그 친구를 이 지구에서 바오밥나무가 있는 곳, 마다가스카르에 가면 만날 수 있을까?

책 속에서

이 우주에 별이나 꽃이 하나 더 생긴다면…

다섯 번째 별은 아주 독특했습니다. 그것은 이제까지 본 별들 중에서 가장 작았습니다. 가로등 하나와 그것을 켜고 끄는 가로등지기 한 사람이 살기에 꼭 알맞은 그런 크기였습니다. 집들도 없고 사람도 살지 않는 이 별에, 가로등과 가로등지기가 무슨 소용이 있는지 어린왕자는 알 수 없었습니다. 하지만 그는 속으로 생각했습니다.

"아마 이 아저씨 역시 어이없는 생각을 하고 있을지도 몰라. 하지만 그래도 이 아저씨는 왕이나 허풍선이, 사업가, 주정뱅이보다는 나아. 적어도 그의 일에는 의미가 있으니까. 그가 가로등을 켜는 건 별이나 꽃이 하나 더 생기는 것과도 같아. 그가 가로등을 끄면 그 꽃이나 별이 잠이 드는 거야. 그건 아주 아름다운 일이야. 아름답기 때문에 쓸모가 있는 것일 테고."

"…그런데 '길들인다'는 게 무슨 뜻이니?" 어린왕자가 또다시 물었습니다.
"그건 자칫하면 잊기 쉬운 거야. 그건 '관계를 맺는다'는 뜻이야."
"관계를 맺는다고?"
"그래. 내게 있어서 너는 지금 수많은 소년들 중 하나에 불과해. 그러므로 난 너를 필요로 하지 않아. 너 역시 나를 필요로 하지 않을 거야. 너에게 있어서 나는 수많은 여우들 중 하나일 뿐이니까. 하지만 네가 나를 길들인다면 우리는 서로를 필요로 하게 된단다. 너는 나에게 세상에서 단 하나뿐인 존재가 되는 거야. 나는 너에게 세상에서 단 하나뿐인 존재가 되고…"
"무슨 말인지 알 것 같아. 꽃이 하나 있었어… 그녀가 날 길들인 것 같아." 어린왕자가 말했습니다.
"그럴 수도 있지. 지구상에 있는 모든 것들이…"
"이런! 그건 지구상에 있는 게 아냐." 어린왕자가 말했습니다.
여우는 무척 호기심이 끌리는 모양이었습니다.
"그렇다면 다른 별에 있단 말이니?"
"그래."
"그 별에도 사냥꾼들이 있니?"
"아니."
"그거 흥미롭군! 그러면 암탉들은?"
"없어."
"완전한 것은 아무것도 없군." 여우는 안타깝다는 듯 한숨을 내쉬었습니다. 하지만 이내 자기 이야기로 돌아갔습니다.
"그런데 네 머리카락이 금빛이잖아. 네가 나를 길들여준다면 정말 멋질 거야. 황금빛 밀을 보면 네가 생각날 테니까. 그리고 나는 밀밭을 지나가는 바람 소리도 좋아하게 되겠지…" 여우는 말을 멈추고 어린왕자를 오랫동안 응시했습니다. "부탁인데… 나를 길들여줘!"

▮생텍쥐페리의 〈어린왕자〉(ⓒ대원사, 2009) 중에서

후기

앙투안 드 생텍쥐페리는 이 기적 같은 작품을 1943년 발표했고 1944년 프랑스 남부 상공에서 정찰 비행중 실종되었다. 나는 이 작품을 1990년 대원사의 의뢰로 번역했고, 2009년 개정판을 냈다. 번역중에 기존에 나와 있는 여러 권의 번역본들을 살펴보면서 번역에 대해 다시 생각해볼 수 있었다. 모두 알다시피 어른을 위한 '동화'인 데다가 문장이 평이해서 오역의 여지가 없어보인다. 하지만 이 작품은 번역하기 쉬운 텍스트가 아니다. 동화 번역에는 적확하고 풍부한 어휘가 요구된다는 일차적인 이유에서가 아니라, 이 짧고 쉬운 소설이 정교한 언어 장치들을 곳곳에 품은 비행물체라는 것을 일단 깨닫게 되자 모든 문장이 역자로서는 '함정'을 지니고 있는 것처럼 보였던 것이다.

어쨌든 나는 이 작품을 참 어렵게 번역했고, 미진한 구석이 있음에도 불구하고 새롭게 나온 한국어판에 어떤 자부심을 느낀다. 샅샅이 닦고 조이고 기름칠한 만큼 한동안은 제 몫의 비행을 할 수 있으리라. 개정판 원고를 넘겨놓고 떠난 교토 여행에서 만난 내 생애 최초의 천문학자 친구는 소행성 B-612가 실제로 있는 것처럼 이야기했다. 학술지에 여러 편의 논문을 발표한, 진지한 천문학자의 견해여서 더욱 놀라웠다. 하긴, 우리 지구별이 속한 태양계, 태양계의 은하계, 무수한 은하계로 이루어진 이 우주에서 무슨 일인들 안 일어나랴. 그러니 어쩌면 우리는 생텍쥐페리가 '실종'되었다고 말해선 안 되는지도 모른다.

웃음 속에서
반짝이는 눈물

〈나의 아빠 닥터 푸르니에 Il a Jamais Tué Personne, Mon Papa〉
장루이 푸르니에 Jean-Louis Fournier
웅진닷컴 | 2001

부모와의 관계에 대해 말한다는 건 자신의 중요한 일부에 대해 말하는 것이다. 〈엉터리 불문법 Grammaire Française et Impertinente〉(1992), 〈하느님의 이력서〉(1995) 같은, 유머와 재기가 담백한 문장 속에 녹아 있는 몇 권의 작품뿐 아니라 예술가의 삶을 다룬 탁월한 다큐멘터리들로 프랑스에서 명성을 얻고 있는 장루이 푸르니에는 작은 시골 마을에서 보낸 자신의 어린 시절에 대해, 부랑자 같은 차림에 실내화를 신고 왕진을 가는 알코올 중독자인 의사 아버지에 대해, 유년의 슬픔과 좌절과 드문

보석 같은 행복에 대해 짤막짤막하게 입을 연다. 열 살짜리 꼬마로 돌아가 삶의 정곡을 단숨에 찌르는 단순하고도 정확한 유년의 언어로.

프랑스에서 출간되자마자 빠른 속도로 판을 거듭하며 에세이 부문 베스트셀러에 오른 이 책에는 '아버지에의 경의'라는 진부함을 넘어서는 참신한 진정성이 있다. 심각한 것, 진지한 것, 철학적인 것을 경쾌하게 표현하는 게 마음에 든다는 저자의 설명은 그런 태도와 통한다. 어떤 평자의 말대로 푸르니에에게는 보리스 비앙에게서 우리가 기쁘게 만나는 '절망에의 예의' 같은 것이 있다. 그리하여 동화 중에서도 아주 단순한 동화 같은 이 이야기가 이제 다 자랐다고 믿고 있는 우리에게 마음속의 유년을 환기시키고 있는 것이다.

저자의 말대로 이제 어른이 된 우리는 산다는 게 그렇게 간단치 않다는 걸 알고 있다. 누군들 무언가에 중독되지 않고 이 삶을 살아낼 수 있을 것인가. 이 이야기는 훌륭한 의사이자 자선가인 동시에 알코올 중독자였던 한 모순투성이 사내의 삶을, 사랑받지 못하는 아들로서 가까이에서 들여다보아야 했던 한 소년의 기록이다. 어린 나이에 젊은 아빠를 잃어야 했던 소년은 장례식이 끝난 후 누군가 내민 담배를 받아들고 연기를 깊숙이 들이마신다. 기침과 눈물과 연기 속에서 아빠를 묻어야 했던 열다섯살 소년은 죽은 아버지보다 더 나이를 먹고서야 비로소 자기 안의 그를 불러낸다.

광포한 향수, 신랄한 애정, 어이없는 회한, 고통스러운 풍자,

헛되이 낭비된 재능에의 안타까움, 애도와 슬픔의 유혹을 장루이 푸르니에는 꼬마 니콜라처럼 태연하고 담담한, 순진하고 단순한 아이의 언어 속에 감춘다. 그리하여 한 인간과 그의 삶, 아빠와 아들의 빗나간 만남이 낳은 유년의 상처가 세월과 더불어 아물어 간다. 심각성이라는 뇌관이 의도적으로 제거된 그 폭탄은 폭발하는 대신 우리 마음속의 아이에게 가만히 말을 건다.

살해해야 할 '부성'의 불완전성 앞에서

〈꿈꾸는 소년 푸르니에 J'irai Pas en Enfer〉
장루이 푸르니에 Jean-Louis Fournier
웅진지식하우스 | 2002

돌아온 꼬마 니콜라, 장루이 푸르니에가 달라졌다. 여전히 장난을 일삼는 대책 없는 말썽꾸러기이긴 하지만, 이제 그의 내면에서는 '자아'가 움트고 세상과의 거리를 인식하기 시작한다. 할머니가 선물용으로 마련해 둔 초콜릿 알맹이들을 모두 먹어 버리고는 시침을 떼고, 감히 성모상을 들어다 학교 화장실 안으로 옮겨 놓고, 자습 감독 선생님을 골려 먹고, 남의 집 덧문을 내려놓고 줄행랑을 놓긴 하지만, 그와 동시에 십자가에 못 박힌 예수님에 대한 죄의식으로 가위눌리고, 여자의 감각적인 아름다움에 마음을 빼앗기며, 잘난 동생에 대한 열패감에 괴로워하고, 삶을 삶 이상이 되게 하는 음악의 세계에 들어선다. 사춘기를 예비하는 온갖 징후들, 모든 감각이 섬세하게 열리는 삶의 중요한 한 시기에 대해, 의식의 저변을 이루는 종교적 관념에 대해, 자기 자신과 세상에 눈뜨는 과정에 대해 이야기한다. 아무리 가다듬어도 뻗치고 마는 자신의 삐침머리처럼 그 관계가 그렇게 순순히 풀려 나가지 않으리라는 예감과 더불어.

이러한 철들기를 두고 어떤 평자는, 사회의 견고한 형이상학이자 거대 담론인 종교와의 불화라고 단순하게 진단하고 있지만, 실제로 여기서 소년 장루이의 반항은 그런 형이상학 이면에 이해관계를 숨기고 있는 어른들의 허위의식을 향한다. 그가 보는 어른들은 어머니나 수녀원장처럼 삐침머리 너머를 보아낼 줄 아는 이들과, 할머니나 사제들처럼 기존의 척도를 들이대는 이들로 대별된다.

그러나 실제로 인간이, 세상이 그리 단순하기만 할까. 현실과는 거리가 있는 그리고 이런 단순한 이분법적 대별은 필연적으로 단선적인 반항을 낳게 된다. 아울러 아버지 닥터 푸르니에의 영향력(《나의 아빠 닥터 푸르니에》를 읽어보길!)이 어머니의 무조건적 애정으로 대치됨으로써, 그로서는 실제로 아버지를 여읜 것에 그치지 않고 심리적으로도 살殺해야 할 부父를 잃어버린 결과가 되고 말았다. 이는 형이상학적 핵심인 신에게 다가서게 해주는 인간적으로는 행복한 점이지만, 문학적으로는 치열한 의식의 강도를 떨어뜨리는 부정적인 면으로 작용한다. 그리고 저자의 글쓰기는 그 점을 고스란히 드러낸다.

하지만 지고의 예술에 다가가기 위해 연장을 가다듬는 한 낭만주의자를 품은 이 책에는 그런 낭만성의 한계를 기분 좋게 긍정하는 유머라는 미덕이 있다. 〈나의 아빠 닥터 푸르니에〉로 푸르니에 스타일의 페이소스를 즐기게 된 독자들에게는 참 반갑게도, 저자는 재치라기에는 무겁고 철학이라기에는 가벼운 유머로 이제 아빠와의 관계가 아닌 자기 자신과의 관계에 대해 말한다. 자신과 거리를 갖고 스스로를 대상화하는 것이야말로 '자아'를 의식하기 시작하는 사춘기의 가장 큰 과업이 아니던가. 이 책을 통해 스스로의 사춘기를 돌아볼 것을 유쾌하게 요구받으며 우리는, 조금 더 침착해진 모습으로 그 시기를 건너가는 장루이의 뒷모습과 겹치는 우리 자신의 모습을 보게 된다.

자본주의의 정글에서
타인을 먹지 않으려면

⟨새 삶을 꿈꾸는 식인귀들의 모임 Les Ogres Anonymes⟩
파스칼 브뤼크네르 Pascal Bruckner
작가정신 | 2000

우리 주변에 정직하게 감동적인 이야기가 많다. 베스트셀러가 된 어떤 책에는 눈시울을 젖게 하거나 불끈 치미는 각오로 마음을 다지게 하는 절절한 글들이 무려 100편 넘게 실려 있고, 수많은 '동화'들은 아름다운 동심과 사랑의 승리를 환기하는 것을 본분으로 삼고 있다. 파스칼 브뤼크네르의 이 책은 그런 감동적인 단선성과 유년기의 고정된 기호들에서 조금 벗어나 있다.

    브뤼크네르는 어린이를 정령이나 요정이 아니라, 피와 살을 가진 존재, 사악함과 어리석음을 지닌 존재로서 그려낸다. 요컨대 투명성과 무책임성을 제외하면 어른과 다를 바 없다는 것이다. 그렇다면 이건 어떤 평자의 지적(미셸 슈나이더, 《르 푸앵》)대로 "정치적으로 올바르지 않은" 접근이 아닌가. 여기에서는 교육적인 목적을 갖고 어린이의 내적 불완전성을 억제하려는 시도 같은 것은 찾아볼 수 없다. 그런 저자의 관점에 힘입어 이 작품은, "이미 석양에 와 있는 어른에 반해 아직 세계의 근원과 닿아 있는 존재"인 어린이가 "우리에게 본질적인 말을 전하고 천진이 넘실대는 매혹의 강으로 우리를 인도한다"(파스칼 브뤼크네르, 〈순진함의 유혹〉 중에서)고 곧이곧대로 설파하는 대부분의 동화들과는 궤를 달리한다.

우리에게는 아직 낯선 프랑스 작가 파스칼 브뤼크네르는, 이쯤에서 눈치 챘겠지만, 원래 동화를 주로 쓰는 작가가 아니다. 1948년 파리에서 태어나 철학과 문학을 공부했고, 미국 샌디에고 주립대학과 뉴욕대학, 그리고 프랑스 파리 정치학연구소 교수를 지냈다. 1987년 이후에는 프랑스의 시사주간지 《누벨 옵세르바퇴르》를 위해 일하면서 여러 편의 소설과 학술논문, 비평을 꾸준히 발표하고 있다. 문학적 재능과 비평적 안목을 지닌 진지한 작가로 평가받고 있는 그는, 1997년 소설 〈아름다움을 훔치다〉로 르노도 상을 받았고, 철학자 알랭 팽키엘크로와 공동으로 비평서를 펴내기도 했으며, 앞서 인용한 〈순진함의 유혹〉으로는 1995년 에세이 부문 메디치 상을 받았다. 서구 소비사회의 정치적 사회적 보호막 속에서 개인이 자기 거리를 잃을 때 빠질 수 있는 여러 문제들을 분석 풍자하는 이 무거운 에세이는 낯선 비평의 정신이 유려한 문장과 세련된 유머를 만나 나아갈 수 있는 길 하나를 우리에게 보여준다. 이런 그가 동화를 쓰게 된 것은, 가벼움과 무심으로 대변되는 유년에 대한 경도(《아트모스페르》지와의 대담에서) 때문이기도 하겠지만, 어린 딸을 둔 개인적 상황에도 기인할 것이다.

이 책에는 '아이를 먹는 식인귀'와 '아이를 지우는 화학자', 이 두 가지 이야기가 실려 있는데, 마치 동화의 본분인 양 흔히 요구되는 '단선성'을 뛰어넘어 문학의 본연성에 가닿는 애매성을 담아낸 것은 앞의 글이다. 동화의 경우 어린이를 고려해야 한다는 자기 검열의 그물망을 빠져나오지 못해 걸러지기 일쑤였던 신랄한 표현들에 전율하는 재미도 있다. 이 글에서 말하는 식인귀의 의미를 "세기말 자본주의의 정글에서 타인을 먹어치우는 우리 자신"(《르 푸앵》)으로 파악하든, 나아가 획일화된 사회 속에 내재된 차별의 문제(《마가진 리테레르》)로 보아내든 그것은 읽는 이의 몫이다.

'아이를 지우는 화학자'는 전통적인 동화 문법에 보다 가까워서 줄거리만 추린다면 앞서 말한 감동으로 무장한 이야기들의 범주에 들 수도 있을 듯하다. 우연히 만능지우개를 발견한 한 화학자의 이 이야기에도 역시 독자의 해석에 많은 자리가 할애되어 있다. 현재의 삶에 만족하지 못하는 한 불행한 화학자가 그 지우개로 성가신 아이들을 신나게 없애고 있는데 약이 효력이 사라져버린다. 그 효력이 발생했던 것처럼 갑자기, 그리고 인과응보적인 필연이 아니라 '우연히'!

이 두 가지 이야기 속에서 주인공들은 각기 다른 이유에서 아이들을 없앤다. 식인귀 발튀스는 입맛에 맞아서 아이들을 먹고, 화학자 폴 콘은 입맛에 거슬려서 아이들을 지운다. 이들 두 사람의 공통점은 자신과 불화하는 고통 속에 있다는 점이다. 발튀스 자민스키(식인귀의 이름으로 썩 훌륭하지 않은가!)는 선천적으로, 폴 폴콘은 후천적으로 자기 자신과 불화한다. 식인귀성을 핏속에 내려 받았으나 세상과의 충돌을 통해 고통하는 발튀스, 자신이 누리지 못한 세상을 원망하며 불행에 빠진 폴콘, 이 둘 모두 감정을 투명하게 드러내는 아이들이라는 대상을 통해 어긋난 방식으로 화해를 시도한다. 독자는 냉정하고 잔인하고 엉뚱한 저자의 상상력을 즐기며 그 과정을 지켜보면서 재미있게 낄낄거리다가 부르르 몸을 떨다가 피가 싸늘해지는 것(《라 크루아》)이다, 갑자기!

책 속에서

삶이 웃어주지 않을 때

일요일마다 뜰을 가꾸는 것 외에 그는 기분 전환을 위해 자신의 집을 새로 칠하는 것을 즐겼다. 금요일 저녁이 되면 그는 서둘러 여러 통의 도료를 사고, 벽을 닦고, 바닥에 비닐 덮개를 덮는 것으로 시작해, 매끈한 표면 위에 의욕적으로 붓질을 하며 여러 시간을 보냈다. 밤늦게까지 해야하긴 했지만 그 일은 대개 일요일 저녁이면 끝났다. 페인트 냄새를 광적으로 좋아했던 폴 폴콘은 냄새만으로도 그 조합을 알아낼 수 있었고 성분을 열거할 수 있었다. 드문 도취 상태 속에서 시너 냄새를 흠씬 들이마신 탓에 가볍게 취한 상태가 된 그는, 다음날 직장으로 돌아갈 태세가 되어 흡족한 기분으로 잠자리에 들었다.

몇 년 동안 그의 집은 밝은 파랑에서 어두운 파랑으로, 크림빛 흰색에서 '기존 칠 색깔이 엷게 내비치는' 흰색으로, 초록색으로, 황갈색으로, 시에나토색으로, 적자색으로, 베이지색으로 바뀌었다. 그것이 그의 유일한 취미였다.

하지만 월요일 아침이면 폴 폴콘은 배신감을 느껴야 했다. 다시 칠해졌음에도, 새로운 빛깔을 입었음에도 그의 집은 달라지지 않았던 것이다. 색조와 농담이 어떻든 간에, 몇 차례는 이전의 칠이 마르기가 무섭게 새로 칠했건만, 그 집은 변두리 도로가, 두 동의 아파트 건물 사이에 낀 누옥일 뿐이었다. 그리고 그는 삶이 웃어주지 않는, 붓질로는 바뀔 수 없는 딱한 사내인 채였다.

▎파스칼 브뤼크네르의 '아이를 지우는 화학자'
(《새 삶을 꿈꾸는 식인귀들의 모임》 ⓒ 작가정신, 1999) 중에서

계몽의 교육에 대한
원거리 인공호흡

⟨35kg짜리 희망덩어리 35 kilos d'Espoir⟩
안나 가발다 Anna Gavalda
문학세계사 | 2004

'학교'를 떠올리기만 해도 뱃속에 딱딱한 공이 생기는 아이, 분필 냄새가 이 세상에서 가장 싫다는 아이, 철자법도 산수도 사회도 체육도 꼴찌인 아이, 선생님이 내준 숙제의 절반만을 알림장에 적어오는 아이, 준비물은 늘 잊어버리고, 체육복은 맡아 놓고 빌리고, 안마대 모서리에 하필이면 거기를 부딪치는 재수 없는 아이, 나머지 공부를 안 한 날보다 한 날이 더 많은 아이, 벌점 스티커를 붙이는 난에 더 이상 남은 칸이 없는 아이, 멍청한 짓으로 상대편을 교란시킨다는 이유 하나로 아이들이 자기편에 붙여주는 아이, 번번이 자기편 골대를 향해 자살골을 차는 아이, 방학 학습서 전체를 스케치와 엉뚱한 설계도로 채우는 아이, 학기가 시작되는 9월 4일 제비와 함께 남쪽나라로 떠나고 싶은 아이, 자신의 성적표가 불쏘시개감도 못 된다는 걸 잘 알고 있는 아이, 숙제를 도와주는 사람이 엄마면 엄마를 울리고, 아빠면 자기가 울고 마는 못 말리는 아이, 수업에 집중을 못한다는 이유로 눈과 귀, 심지어 뇌 검사까지 받은 아이, 하지만 자신의 '집중력'에는 아무런 문제가 없다면서 다만 학교가 눈곱만큼도 재미가 없을 뿐이라고 말하는 아이, 글을 깨친 유일한 이유가 달걀 상자로 하마 만드는 법이 나와 있는 공작책 124쪽을 해독하기 위해서인 아이, 그런 열세 살짜리 아이.

하지만 그 아이의 유아원 성적표에는, "이 소년은 여과기 같은 머리와 요정의 손가락, 넓은 마음을 갖고 있습니다"라고 기록되어 있고, 일곱 살 때 바나나 껍질 벗기는 기계를 고안해 냈으며, 윤활유와 왁스와 라디에이터와 인두와 접착제와 담배 냄새를 분해 증류해 '헛간의 향기'라는 향수를 제조할 계획을 갖고 있고, 5,000조각짜리 퍼즐 맞추기를 해낼 수 있으며, 고장 난 잔디 깎는 기계를 분해 세척 재조립해 고쳐 놓고, 발설하지 않겠다는 맹세를 받고 엄마 아빠에게 비장의 발명 아이디어를 들려주고, 식당에서 가구를 주문받아 레옹 할아버지와 완성하고, 방학 동안 이웃집 아저씨와 그 집 도배를 말끔하게 마친다. 그런 아이, 그레구아르 뒤보스크.

조이스와 함께 더블린의 골목골목을 돌아다니고 난 후 한마디가 남았다. "살도록, 타락하도록, 삶에서 삶을 다시 창조하도록." 내 성성한 20대의 바람 부는 길에서 그 말은 주문과도 같았다. 때와 땀과 먼지와 진창, 그리고 없어도 아무렇지도 않은 것들만을 쌓아올리며 '계몽'이 얼마나 삶과 반하는 것인가를 알아가던 그때, 왜 가발다를 읽으며 그때가 생각났을까. 아침마다 거울에 비친 자신의 모습을 보며 "내게 잘못을 저지를 권리가 있는가?"를 용기 있게 물으라던 그녀가, 이제 아이와 어른(어른 속의 아이)이 함께 읽는 이 책으로 "행복해지기 위해 필요한 일을 하라"고 우리에게 주문한다, 레옹 할아버지의 음성으로.

신나는 꿈을 위해
잠들기 전에 읽는 침대 이야기

〈침대 이야기 Collected Chidren's Stories, The Bed Book〉
글 실비아 플라스 Sylvia Plath 그림 데이비드 로버츠 David Roberts
문학세계사 | 2004

실비아 플라스는 "살았을 때보다 죽어서 더욱 유명해진"(《버팔로 뉴스》), 평가에 앞서 전설이 되어버린 현대 미국 시인이다. 실제로 그녀의 명성은, 그녀 자신의 작품뿐 아니라 남편이었던 영국의 계관 시인 테드 휴즈를 비롯해 로버트 로월이나 앤 색스턴 들의 작품을 통해, 요컨대 그 이후를 산 사람들의 찬탄과 필요에 부합하는 방향으로 지금까지도 계속 '자라나고' 있는 셈이다. 그녀의 때 이른 죽음(1932~63)에 대한 세인의 피상적 관심 또한 그 연장선상에 있다. 어릴 때 겪은 아버지의 죽음이 남긴 정신적 상처(실제로 그녀는 세번째 시도 끝에 자살에 성공한다)와 역시 자살로 생을 마감한 버지니아 울프에 대한 경도, 그녀의 〈일기〉에서 그 편린을 엿볼 수 있는 유한한 삶의 한계와 신화에의 매혹, 그런 논리적인 근거들보다, 남편의 외도가 자살의 원인으로 손꼽히는 이유도 여기에 있다. 시인 김혜순이 어느 글에서 지적하듯, "자살하지 않고 여전히 살아가는 사람들은 자살한 예술가가 남긴 깨끗하고 넓은 백지 위에다 자꾸만 무언가를 쓰려고" 하기 때문에 그의 "생의 시간들은 신화라는 덧칠로 괴팍해지고, 주인공도 없는데 나날이 길어지"는지도 모른다.

  그렇다 해도 "나의 시간은 그림자와 결혼했다" "감자가 쉿 하고 꾸짖는다" 같은 〈거상〉의 편편들에서 보여주는 그 날카로운 공감각적 감수성과 예리한 시어의 칼날을 어찌 부인할 것인가(그 글을 썼을 때의 플라스보다 몇 년은 어렸던 한 시절 역자는 그 시편들 앞에서 지독한 열패감에 휘둘렸던 기억이 있다). 아주 어릴 때부터 시를 쓰기 시작해 언어에 대한 남다른 감수성을 보여준 그녀가 실제로 '천재성'이라고 말해지는 그런 재능 이면에 치열한 의식과 성실성으로 무장하고 있었다는 것, '글쓰기'를 삶의 첫 자리에 놓았다는 사실을, 그것이야말로 실비아 플라스를 만든 힘이라는 사실을 그녀가 죽은 지 오랜 세월 후에야 복합적 '검열과정'을 거쳐 세상에 나온 그녀의 〈일기〉는 말해주고 있다. 신화의 덧칠 이면에 자리잡은 본모습은 자전적 요소가 인간 존재에 대한 깊이 있는 자각으로 형상화되고 있는 그녀의 작품을 통해 확인된다.

그 실비아 플라스가 아이들을 위해 동화를 들려준다. '옛날 옛적에'로 시작하는 이야기만큼이나 침대 맡에서 듣기 좋은 이 글들에는, 오븐에 머리를 집어넣는 극단의 자아와 상충하며 병존하는 모성의 시선이 있다. 자아의 한 부분은 가스 밸브를 비틀어 열지만, 또 한 부분은 아이들이 있는 방에 가스가 새어들지 못하도록 문틈에 테이프를 붙이는 것이다. 그리고 그 각각은 제 할 바를 완수했다. 그녀의 시간은 그림자와 하나가 되었고, 여기 실린 세 편의 글은 "깃털처럼 가볍고 버터처럼 환하고 토스트처럼 따뜻"하게 남았다. 그리하여 어머니가 없는 고통의 시간을 견뎌야 했을 두 아이들에게 무엇보다도 위로가 되었으리라.

"알몸으로 겁에 질린 채 누워 있는" 불길한 침대(〈튤립〉에서) 같은 건 여기 없다. "맑고 푸른 물 속을 헤쳐 나가는… 한 마리 정어리처럼 은빛으로 반짝이는 침대" "별을 따 넣을 그물주머니가 달린" 제트기 침대, 갖고 다니다가 필요할 때마다 물을 주어 키우는 주머니 침대 같은 신나는 것들이 있을 뿐이다. 자, 이제 누워서 실비아 플라스가 들려주는 이야기를 듣자. 배가 고파지면 "빵으로 된 베개를 조금씩 뜯어 먹"거나 머리맡에 달린 자판기 구멍에 손가락을 찔러 넣어 보자. 유년의 날들이 다하기 전에.

4장

그림과 음악과 사람에,

마음을 두다

청동으로 종을 만드는 방법 중에 가장 고도에 속하는 납형법은 밀랍으로 형태를 만들고, 그 위에 진흙을 두텁게 발라 틀을 만든 다음 밀랍을 녹여내고 쇳물을 붓는 것이다. 그렇게 큰 종을 만들기 위해 얼마나 많은 밀랍이, 쇳물이 필요했을까. 성덕대왕신종, 곧 에밀레종은 이런 방법으로 만들어졌다. 표면의 문양은 섬세 우아하고 소리는 맑고 깊고 길다. 우현 고유섭의 적절한 지적대로 치는 사람의 손을 몹시도 타는 종소리. 그것을 제대로 음미하기 위해서는 먼저 종에 대해 알아야 한다.

내게 있어서 입체파 그림들은 오랫동안 풀리지 않는 수학문제 같은 것이었다. 피카소의 청색 시대 그림들을 좋아했던 시절, 나는 대상을 그렇게 사진처럼 잘 그려낼 수 있는 화가가 어째서 그렇게 고생스럽게 대상을 왜곡시키는 것일까 궁금했다. 피카소의 작품론을 번역하기 위해 나는 2년에 걸쳐 여러 권의 참고문헌을 읽고 인쇄물로, 화면으로, 실제로 수많은 도판과 작품을 노려보아야 했다.

그러나 연주자가 클라라 하스킬이든 스비아토슬라브 리흐테르든 지난달 파리 콩세르바투아르의 진급 시험을 통과한 학생이든, 우리 아파트 903호 꼬마든 모차르트는 모차르트다. 음악을 즐기는 데 저자 약력 같은 건 필요치 않다. 감히 말하건대 납형법과 만형법에 대해 알지 못해도 우리의 귀는 소리의 깊고 얕음을 알아챈다. 또한 쿠르베나 모네나 루벤스뿐 아니라 마티스나 피카소 역시 좋은 작품은 복잡한 지식의 매개를 거치지 않고도 보는 이의 마음으로 즉각적으로 들어온다. 그것이 바로 예술이다. 예술을 제대로 즐기는 위해서는 그것에 대해 알아야 하지만, 꼭 그것에 대해 알아야만 예술을 즐길 수 있는 것은 아니다.

현대미술을 제대로 이해하는
믿을 만한 방법 하나

〈창조자 피카소 Picasso Créateur: la Vie Intime et l'Oeuvre〉
피에르 덱스 Pierre Daix
한길아트 | 2005

살아 있는 동안 루브르에 자신의 그림을 건 최초의 화가(조르주 살), 열두 살 때 이미 라파엘로처럼 그렸던, 아이일 때도 아동미술전에 참가하는 게 불가능했던 천재 화가, 눈으로 20세기를 보는 동시에 실제로도 20세기의 현실을 포착한 유일한 화가(거트루드 스타인), 관학주의에서 고전주의, 변형 사실주의, 원시주의, 입체주의, 초현실주의, 그리고 아직 이름 붙여지지 않은 또 다른 주의(피에르 덱스)에 이르기까지 작품의 폭과 양으로 현대 미술사를 한몸에 현현해내고 있는 유일한 화가, 친구 졸라에게마저 작품성을 이해받지 못했던 세잔이나 살아 있는 동안 한 점의 작품도 제값을 받고 팔지 못했던 반 고흐나 타히티의 원시림 속에서조차 가난을 떨치지 못했던 고갱과는 달리, 정물화 한 점과 집 한 채를 바꾸고 왕들의 자동차 이스파노 수이자로 스케치 여행을 떠나며 식사대 대신 냅킨에 이름을 휘갈겨 쓰는 것으로 충분했던 인기화가, 자신의 감정과 만남과 관계를 동원해 언제나 '새로운 어떤 것'을 만들어 낸, 악보에 있는 최상의 음 이상을 낸 테너 같은 존재(피에르 덱스) 파블로 피카소.

페르낭드, 에바, 올가, 마리테레즈, 도라 마르, 프랑수아즈, 자클린을 비롯해 무수한 여자들을 삶으로 작품으로 죄의식 없이 '소유'했던 자유로운 남자, 옛 연인이 회고록으로 현재의 삶을 위협해도 상대가 살아 있는 동안에는 감정적으로 상처 입히는 일을 철저히 자제했던 안달루시아 사내, 병역 의무 따위로 자신의 예술이 중단되는 것을 참을 수 없었던, 아버지가 사준 병역 면제권을 거리낌 없이 받아들이고 예술을 위해 기꺼이 파리를 선택했으나 죽는 날까지 프랑스에 귀화하지 않았던 골수 에스파냐인, 반교권적인 무신론자였음에도 에스파냐의 가톨릭 전통에 대해 뿌리 깊은 집착을 보였던 보수적인 인간, 막스 자코브, 아폴리네르, 르베르디, 콕토, 브르통, 엘뤼아르, 마티스, 브라크, 드랭, 거트루드 스타인, 칸바일러, 디아길레프, 스트라빈스키 등 자신과 교류한 이들에게 자신의 '정기'를 주는 동시에 그들에게서 그 이상을 끌어

내 자기 것으로 만든 사내, 이상주의적인 관심에서 공산당에 기꺼이 가입했으나 자신의 예술이나 사고를 정당의 정책에 종속시키지 않았고 그 대가로 부당한 비난을 묵묵히 감수했던 사내, 수많은 이들이 망명길에 올랐을 때에도 미국행을 거부하고 나치 점령하의 프랑스를 떠나지 않았던 사내, 박물관에 걸린 아름다움에 반대하는 대중적인 비판정신을 구현한 바로 그 작품들을 팔아 호사를 누렸던 사내, 그의 이 작품이 저 작품보다 낫다는 평은 가능하지만 특정 작품이 완전한 실패라는 비판 자체를 불가능하게 만들었던 독단적인 사내, 이르게 찾아온 조락인지 이해받지 못한 시기인지 논란을 불러일으키는 30여 년에 걸친 긴 말년을 보내야 했던 사내, 파블로 피카소.

25년 친구로서의 애정 어린 시선과 미술사가로서의 전문성을 동원해 씌어진 이 책은 정통적인 전기라기보다는 작품에 대한 꼼꼼하고 자세한 해설서라 할 만하다. 실제로 이 책에서 피카소 삶의 각 단계는 작품을 제대로 이해하기 위한 차원에서 다루어진다. 친구 카사헤마스를 자살로 몰고 간 제르멘은 1906년과 1925년에 그의 그림에 나타나고, 1906년에서 1908년에 이르는 미묘한 시기는 페르낭드와의 생활에서 오는 드러나지 않은 어려움으로 점철되어 있으며, 1912년 에바의 중요성은 '파피에 콜레'와 회화 속에서 강조된다. 올가와의 불행한 결혼생활은 그의 작품의 판도를 바꾸어놓았으며, 마리테레즈의 역할은 그의 눈부신 작품들 속에서 확인되고, 자클린과의 생활은 그의 마지막 작품들과의 연관하에서 다루어진다. 이런 사실들과 함께 소묘와 유화와 조각과 판화, 선과 색채와 양감과 질감, 파피에콜레, 사블라주, 브라콜라주, 카무플라주, 트롱프뢰유, 온갖 제재와 소재의 관련하에서 저자는 어떻게 피카소가 피카소가 되는지를 설명한다.

여기를 비추고 저기를 짚어가며 찬찬히 말해준다. 바다와 의자의 공간적 관계를 드러내지 않는 「맨발의 여자」가 어떻게 단순한 기교를 넘어서서 모델의 삶을 분석하고 미래를 포착하는지, 술집에서 맥주잔을 앞에 놓고 생각에 빠져 있는 「맥주잔」의 인물이 어떻게 그레코적인 면을 보이는지, 청색의 밤이 추상적 구조로 형태화된 작품 「지붕」과 「간소한 식사」에서 보이는 기술적 약진이 어떤 것인지, 「아비뇽의 아가씨들」이 어떤 변형 과정을 거쳐 현대회화의 지평을 열었는지, 1920년대에 그 그림을 본 앙드레 브르통과, 지금 MOMA의 그 그림 앞에서 사람들이 느끼는 충격이 어떻게 다르고 같은지, 세상만큼이나 나이를 먹은 인간의 얼굴과 몸을 표현하기 위해 피카소가 벌여온 투쟁이 어떤 것인지.

사실들을 빠뜨리지 않고 목소리도 높이지 않고 성실하게 설명이 이어진다. 어떻게 소재의 곁가지를 쳐내고 입방체로 환원시켰는지, 입체주의적 풍경화들이 어떻게 양감과 부피감을 획득하는지, 「촌부」의 여자들이 보여주는 기하학적 단순화와 화면 배치가 어떻게 드랭의 작품을 넘어서는지, 정물화와 풍경화에서 어떻게 모티프를 재구축해 조형적 힘과 차별되는 선을 만들어내는지,「페르낭드의 두상」에서 이차원을 삼차원으로 바꿈으로써 무엇을 얻게 되는지, 회화적인 상상력을 만져지는 물질로 바꾸어놓음으로써, 다시 삼차원에서 성취할 수 있는 효과를 이차원에서 시각적으로 바꿈으로써 어떤 단계에 도달하게 되는지,「만돌린을 든 여자」에서 타원형 틀이 어떻게 회화적 공간을 전체적으로 포착하게 해주는지,「우데의 초상」에 등장하는 열쇠가 어떤 의미를 갖는지,「바이올린」의 하얀 수평봉이 어떻게 전체 구성을 역동적으로 만드는지,「나는 에바를 사랑해」가 어째서 상상할 수 있는 한 가장 눈부신 '개념적' 초상화인지.

파피에콜레를 통해 어떻게 미지의 구성 방식의 요체를 배워가는지,「셔츠를 입고 안락의자에 앉은 여자」에서 개념적이고 과시적으로 비모사적인 인물을 '진짜' 안락의자에 앉히는 일이 왜 중요한지.

「벌거벗고 머리를 빗는 여자」가 어떻게 전쟁의 악취를 풍기는지, 입체주의가 어떻게 풍경의 공간을 술집 탁자의 차원으로 끌어내리는지, 무대 작업을 통해 어떻게 움직임이 가능한 입체주의적 아상블라주를 만들어내는지,「안락의자에 앉은 올가의 초상」을 통해 어떻게 앵그르를 자기화하는지, 피에로의 상반신과 어릿광대의 얼굴이 함께 뒤섞여 어떻게 재즈 음악의 당김음과 같은 시각적 등가물을 만들어내는지, 「화가와 모델」을 통해 어떻게 「입맞춤」의 회화적 착란 상태에서 해방되는지, 「청소포가 있는 기타」에 나오는 못이 어떻게 슬픈 공격성으로 귀착되는지.

　　이제 우리는 알게 된다. 직설적이고 사실적인 이미지들로 전쟁과 맞서는 대작 「게르니카」가 모델 도라 마르에게 크게 빚지고 있다는 것, 코로가 아침을 발견하고 르누아르가 소녀를 발견했듯이 피카소가 자신의 파스텔화에서 '수탉'을 발견했다는 것, 그림을 통해 인간은 자연을 보는 법을 배운다는 것, 「줄무늬 블라우스를 입은 도라의 초상」에서 그 단순하고 거친 줄무늬를 그리기 위해 유사 이래 최고의 화가가 몇 달 동안 끙끙거렸다는 것, 흔히 볼 수 있는 아동용 스쿠터가 피카소에게 와서 「두루미」로 바뀜으로써 "거리가 가장 먼 두 물체 사이의 연결"이 가능해졌다는 것, 천장이 낮은 방 안에서 「누워 있는 누드」가 우리에게 '감금'의 개념을 불러일으킨다는 것, 피카소의 말년에 나온 마지막 자화상이 그 이전과는 전혀 다른 방식으로 "뭔가를 건드린다"는 것을.

　　이 책은 "삶과 예술 두 가지를 정밀하고도 균형있게 통합해 냄"(테오도어 레프)으로써 "다른 피카소 전기들의 추격을 저만큼 따돌"리는(존 리처드슨) 만큼 "현대 미술의 사랑하는 이들의 필독서"(윌리엄 루빈)가 될 만하다. 이 책으로 피카소를 좋아하게 될지는 알 수 없지만, 적어도 그의 작품을 제대로 이해하는 데 큰 도움을 얻을 수 있을 것이므로, 그리고 피카소의 작품은 질과 양으로써 현대미술을 종합해내는 어떤 것이므로. 기질이란 반드시 분석되어야 하는데, 그 방법으로는 생리학적 심리학적, 그리고 '역사적 분석'이 있을 수 있다는 존 버거의 말(《피카소의 성공과 실패》, 1965, 1989)의 의미를 이제 제대로 새길 수 있을 것이므로.

싫어할 수는 있지만
간과해서는 안 되는

〈달리 Dali〉
로버트 래드퍼드 Robert Radford
한길아트 | 2001

달리를 싫어하는 사람은 많지만 그를 기억 못 하는 사람은 드물다. 역자 역시 달리를 좋아하지 않았으나 간단하게 지나쳐버릴 수는 없었다. "보는 이의 잠재의식에 직접 호소하는 특별한 표현방식"을 체화해낸, "태어날 때부터 그림을 그릴 줄 알았"으면서도 만년의 몇 년간을 제외하고는 '매일 아침 8시면 어김없이 붓을 잡았'던 이 오만하면서도 성실한 천재의 예술에는, 편집증적이라고 간단히 치부해버릴 수 없는 어떤 진정성이 자리 잡고 있다. 실제로 달리의 작품들 중 많은 것들은, 보는 이로 하여금 눈을 가리고 싶게 만들지만, 그래놓고도 벌어진 손가락 사이로 눈을 뜨지 않을 수 없게 만드는데, 그것은 작품이 지닌 엽기적 성격 때문만은 아니다. 그 '섬뜩한 진정성'을 역사적 사회적 맥락과 가로지르기하며 풀어냄으로써 "모더니즘의 성실성에 대해 꼭 필요했던 의혹을 제기한 이 인물"(카터 래트클리프)을 타당한 이해 없이 좋아하기도 하고 싫어하기도 하는 우리에게, 지금 왜 그가 중요한지를 돌아보게 하는 데 이 책의 의미가 있다.

미술사를 가르치는 사람다운 차근함에다 현대 미술에 대한 비판적 통찰까지를 겸비한 로버트 래드퍼드는, 지나치게 드러나 있어 오히려 보이지 않았던 인간-예술가 달리의 진면목을 적절히 보여준다. 수많은 자료들 사이로 난 좁은 길을 따라 적당한 거리를 두고 사려 깊게도 직접적인 설명을 자제하면서 우리를 안내한다. 이 책을 두고, "역사적 사실과 자전적 사실을 적절히 배치해 살바도르 달리의 일생을 썩 읽을 만한 이야기로 응축해놓았다"고 한 카디널 교수의 평은 단순히 품앗이식 축사가 아니다. 살바도르 달리 자신이 만들어낸 지나친 과장과 '날조'에 대한 양식 있는 접근을 통해 저자는 "신화와 환상 또한 문화사의 일부임을 자각하고 있으면서도 객관적으로 옳고 타당한 것에 대한 추적을 늦추지 않고" 있다.

그런 그의 안내에 따라 공간적으로는 피게라스에서부터 바르셀로나, 마드리드, 파리, 뉴욕, 포르트 리가트, 푸볼까지를, 시간적으로는 20세기의 8할을 넘나들다 보면, 예의 그 섬뜩한 진정성의 정체가 뜻밖에도 보편성에 근거한 것임을 깨닫게 된다. 그래서 이제부터는 달리를 싫어하더라도 제대로 싫어할 수 있게 되는 것이다.

지금은 워싱턴 국립미술관에 있는 달리의 1955년작 「최후의 성찬식」을 주문하고 소장했던 체스터 데일은 일찍이 그걸 간파했다. "난 피카소를 아주 위대한 화가라고 생각한다. 내 수집품 가운데에는 피카소 작품이 열다섯 점 있다. 하지만 피카소는 달리의 「최후의 성찬식」 같은 그림을 그리지 않을 것이다. 왜냐하면 그에게는 그런 그림을 그릴 능력이 없으니까." 달리는 과연 어릿광대인가, 신성한 돈키호테인가 라는 질문에 대해 저자는, "이승의 어리석음은 진정한 삶의 지혜"라고 에라스무스를 끌어온다. 덧붙여, 부족한 능력으로 어려운 일을 욕심내는 나의 이 어리석음이 그 지혜의 기운을 입을 수 있다면 얼마나 좋을까.

천년 미술을 깬 사과 한 알과 침묵하는 생트빅투아르

〈세잔, 졸라를 만나다 Cézanne et Zola se Rencontrent〉
레몽 장 Raymond Jean
여성신문사 | 2001

그 생각에 붙들려 있었던 것 같다, 레몽 장은 왜 이런 주제를 선택했을까 하는.

악트 쉬드 Act Sud 출판사 특유의 길쭉한 판형으로 된 얇은 책을 새삼스럽게 뒤적이며 참고문헌을 찾아봤던 것도 혹시 단서를 잡을 수 있을지도 모른다는 기대에서였다. 프랑스어판 편집자의 말처럼 저자는 이 작품에서, "창작의 여러 가지 길을, 그리고 그림이 형태나 빛깔, 말이나 사상을 드러냄에 따라 지니게 되는 의미를 가만히 들여다볼

것을 독자에게 제안"하고 있는 것은 분명하지만, 그 초점이 왠지 다른 곳에 있다는 느낌이 들었던 것이다.

세잔에 관해서라면 1986년 쇠이유Seuil 출판사에서 이미 책을 낸 바 있고, 1960년대로 거슬러 올라가면 네르발이나 엘뤼아르 연구까지 만나볼 수 있는 만큼 졸라를 다루는 것 또한 충분히 자연스럽다. 글 쓰는 일의 다른 축을 이루는 저자의 작업이 문학 연구이고 보면 더욱 그렇다. 인상주의와 사실주의와 자연주의, 회화와 문학, 형태와 색채와 언어의 관계가 두루 언급되지만, 풍부하고 구체적인 터치와 함께 검증과 참조라는 제약도 감수하면서 전기적인 사실을 충실히 뒤밟는다. 현대 회화를 열었다는 세잔의 사과와 생트빅투아르 산, 당대의 현실을 생생하고 가차 없이 해부하는 졸라의 〈목로주점〉과 〈나나〉를 통해 저자는, 하나의 '이즘'이 태어나고 자라고 쇠하는 과정과 그것을 둘러싼 사회의 이모저모를 차근하게 짚어간다. 줄곧 지나친 개입을 자제하고 있는 저자의 목소리가 조금 높아지는 건 에밀 졸라의 문제의 그 〈작품〉이 등장하면서부터다. 그리고 그 즈음에서 저자의 의도에 대한 내 의문도 풀리기 시작했던 것 같다.

저자가 여기서 주목하고 있는 것은 세잔과 졸라라는 각각의 덩어리라기보다는 그 둘의 '관계'다. 따라서 이 작품은 〈책 읽어주는 여자〉의 작가가 썼음직한 비판의 칼날을 숨긴 풍취 있는 프랑스 소설도, 문학 교수에게서 나올 수 있는 본격 연구서도 아닌, 친구 사이에 벌어진 어떤 일에 대한 애호가적 관심의 발현인 셈이다.

이탈리아 이민자의 아들로 파리에서 살다가 엑상프로방스로 전학 온 에밀 졸라의 말더듬는 버릇은 악동들의 놀림감이 되고, 학년은 어리지만 배짱이 있었던 폴 세잔은 번번이 그의 편을 들어주고, 그게 고마워서 에밀이 어느날 사과 한 바구니를 들고 폴의 집을 찾아오는 것으로 시작되는 이 우정은, 한국 영화「친구」의 축을 이루는 유오성과 장동건의 그것과 크게 다르지 않다. 아울러 개구쟁이들의 물장난은 시공을 뛰어넘어 아르크 강과 부산 앞바다를 연결시키는 보편성을 갖고 있다. 다만, 성인이 된 이들을 갈라놓는 것이 한쪽이 조폭의 비정한 생리라면 또 한쪽은 자연주의의 거장 졸라가 쓴 작품이라는 게 다르다.

요컨대 논픽션의 혐의를 담뿍 안은 〈작품〉이라는 픽션에서 세잔과 꼭 닮은 인물을 자살에 이르는 실패한 화가로 묘사하고 있는 것이다. 따라서 졸라는 그 소설을 발표함으로써 세잔과의 결별을 예상하고 있었을 것이다. 아전인수 격의 해석을 계속하자면, 한쪽은 원인이 외부에 있고 또 한쪽은 당사자들 중 하나에게서 나왔다는 엄연한 차이에도 불구하고 여기에는 뭔가 통하는 점이 있다. 유년의 물장난만큼이나 보편적인 성년의 관계가 품은 미묘함을 저자는 포착하고 싶었던 게 아닐까. 우리가 우정에 관해, 사랑에 관해 단선적으로 단정해 버릴 수 없는 이유가 여기 있는 게 아닐까.

사람 사이의 그 미묘함에 대해 저자는 특유의 섬세한 감각과 더불어 연륜이 주는 지혜로 접근한다. 자료 뒤로 물러서 있기는 하지만, 취사선택에서 이미 자기 목소리를 낼 수 있다는 점이 이런 유의 글이 지닌 매력이 아니던가. 우리의 「친구」가 듬뿍 선사하는 감성적 울림은 갖지 못했지만, 그것을 충분히 보상해 주는 그윽한 지적 재미는 이 작품의 미덕이다.

    각각의 재능으로 그 시대의 대표적인 미학적 논쟁에 참여하는 두 사람의 삶과 작품을 간략하지만 핵심적으로 되짚고 있는 이 책에서 적절하게 자리 잡은 세잔의 그림에 한눈을 팔아가며 책장을 넘길 수 있는 건 우리말 판이 갖는 보너스다. 하지만 미묘한 뉘앙스를 일일이 포착하면서 온갖 가능성을 열어두는 저자 특유의 진술 방식에 역자로서 애를 먹은 것도 사실이다. 독자들로 하여금 굵은 줄기는 놓치게 해서는 안된다는 생각에서 겹겹으로 교차되는 비유의 거미줄을 간간이 끊어야 했던 건 의도라기보다는 능력 부족이라 해야 옳다.
    레몽 장을 앞서 소개한 대선배의 힘을 다시 떠올리게 되었던 일, 그리고 신촌의 어느 술집에서 뜨거운 낙지와 찬 소주를 앞에 놓고 가졌던 시간이 역자로서는 또 다른 소득이었다. 푸른 병에 이슬이 가득 맺힐 정도로 진로는 차가워져 있어야 한다. 그리고 스물 몇 가지의 양념이 어우러졌다는 낙지볶음에는 그 존경스런 절대 매운맛을 희석시키는 채소 따위는 들어 있지 않아야 한다. 등받이가 없는 나무 의자, 뜨거운 혀를 열기로 달구었다가 감칠맛으로 씻어주는 팔팔 끓는 조개탕도 필요하다. 그리고 또 필요한 것이 어스름이다. 빠르게 밤으로 향하는 그 박명의 시간이 없으면 소주도 낙지도 우리를 멀리까지 데려가지 못한다.

짧고 주관적이지만
아찔하게 열정적이고 감동적인

⟨페기 구겐하임 자서전 Confessions of an Art Addict⟩
페기 구겐하임 Peggy Guggenheim
민음인 | 2009

비전공자로서 몇 권의 미술 관련서를 번역해야 했던 역자에게, 혼자 천천히 나름 진지하게 그리고 참 터무니없이 계속했던 미술관 순례와 더불어 중요한 지침 역할을 해준 책 ⟨피카소의 성공과 실패⟩ 속에서 존 버거는, "그림의 기본적인 목적이 그곳에 없는 그 무엇인가를 불러오는 것"이라고 적절하게 지적하면서, 물리적이고 지각가능하며 직접적인 회화의 속성에 대해 말한다. 아울러 추상미술이 직면하는 문제는 이를 극복하기 위한 것이라고 덧붙인다. 그러면서 '본다는 것의 의미'에 대해 눈부신 통찰력을 지닌 이 섬세하고도 강렬한 미술비평가, 아니 문화사학자는 회화에서 중요한 것이 "몸에 대한 미술적 정확성이 아니라 몸과 공범하는 시각적 신호"라고 성찰한다. 그의 이 성찰은 평가불허의 영역으로 남아 있는 피카소의 마지막 20년간을 이해하기 위한 포석으로, 여기에서 피카소를 화가로, 다시 현대 미술로 바꾸면 그 시각적 신호와 또 다른 몸으로서의 화가 자신과의 관계가 드러난다.

그러므로 재능이 머무는 '몸'에 지나지 않는 화가가, 그 시각적 신호를 제외하면 다른 몸들처럼, 때로는 그 이상으로 비루한 존재라는 것은 어찌 보면 당연하다(에른스트가 생활비조차 내지 않고 부자 아내에게 빌붙는 치사함의 소유자였음을 확인한 것은 솔직히 그가 도로시어 태닝과 바람이 난 것보다 역자에게 더 큰 실망을 안겨 주었다). 그 시각적 신호와 사랑에 빠진 또 다른 몸인 페기는 그 언저리에서 자신이 해야 할 바를 천재적으로 찾아냈다. 현대 미술과 사랑에 빠져 평생을 그에 '중독'되어 살았던 페기 구겐하임(1898~1979)은, 알코올중독자가 술을 구입하듯, 마약중독자가 아편에 지갑을 열듯 물려받은 재산을 그림을 사는 데, 그림을 그리는 화가를 부양하는 데 아낌없이 탕진했다. 그 순수한 맹목성에 경의를!

네 재물이 있는 곳에 네 마음이 있다는 성서의 한 구절을 굳이 인용하지 않아도, 그녀의 마음이 미술, 그것도 버나드 베렌슨 같은 전문가들조차 평가에 인색했던 현대 미술에 가 있었다는 것은 지금 베네치아에 있는 그녀의 컬렉션이 증명한다.

하지만 규모면에서 페기 구겐하임 미술관을 능가하는 것은 수없이 많다. 실제로 구겐하임 미술관이라고 하면, 뉴욕 5번가 라이트의 저 유명한 건물 안에 자리 잡은 솔로몬 구겐하임 재단의 뉴욕 구겐하임을 떠올리는 이들이 많을 것이다. 하지만 전문 큐레이터를 고용해 실무를 맡기고 자신은 자금을 대는 데 만족했던 수많은 '솔로몬 구겐하임들'과 비교할 때, 칼더를 부추겨 자신의 침대 헤드를 만들게 하고, 이브 탕기가 만들어준 귀고리를 자랑스럽게 착용하며, 초창기 잭슨 폴록의 작품을 팔기 위해 대형 그림을 여기저기로 끌고 다닌 이 못 말리는 여자를 어떻게 같은 대열에 놓는단 말인가. 페기 구겐하임은, 전문 큐레이터로서 시카고 미술관의 터전을 닦은 캐서린 쿠(《전설의 큐레이터, 예술가를 말하다》에서 그녀는 "미술이란 과거의 요약recapitulation인 동시에 미래의 전조harbinger"라고 탁월하게 지적한다)와 솔로몬 구겐하임을 합해놓은, 전문성과 자본이 합체된 인물이다.

　　페기를 현대 미술의 가장 중요하고 영향력 있는 인물 중의 하나로 만든 그 열정에 대해 이 글의 서문을 쓴 앨프레드 바는, "후원자란 단순히 자신의 즐거움을 위해 예술 작품을 모으는 수집가나, 예술가를 돕고 공공 미술관을 설립하는 자선가에 머무는 것이 아니라, 예술과 예술가 모두에 대해 책임을 느끼고 적절한 수단을 동반하여 그런 감정을 행동화할 의지를 지닌 사람"인데, 페기야말로 바로 그 이름에 값하는 인물이라고 적절히, 그렇지만 다소 김빠지게 지적한다.

이 짧고 주관적이며 능숙하지 못한 자서전에는, 그렇지만 수백 페이지에 걸친 땀내 나는 전기들이 포착하지 못한 페기 자신의 그 아찔한 열정이 당사자만이 알 수 있는 내밀하고도 솔직한 에피소드와 더불어 정말 놀랍게도 거의 매 페이지마다 툭툭 터져 나온다. 그래서 독자는, 금세기 미술 화랑의 개관식에 한쪽 귀에는 탕기가 만들어 준 귀고리를, 다른 쪽 귀에는 콜더가 만들어 준 귀고리를 달고 참석했던 (개관식에 초현실주의와 추상 미술 어느 한 쪽으로도 기울지 않겠다는 의지를 보여주기 위해) 이 페기라는 여자가 열정과 계산을 동시에 지닌 인물이었음을 확인하게 된다.

    2차 대전시 독일군 진격이 임박했을 때 루브르 박물관 측으로부터 보존 가치가 없다며 맡아주기를 거절당한 일을 언급하면서 페기는 분개한 기색 없이 그저 가만히 그 목록을 나열한다. 칸딘스키, 클레, 피카비아, 브라크, 후안 그리스, 페르낭 레제, 글레이즈, 마르쿠시, 들로네, 세베리니, 두스부르흐, 몬드리안, 미로, 막스 에른스트, 데 키리코, 이브 탕기, 살바도르 달리, 르네 마그리트, 빅토르 브라우너, 브랑쿠시, 자크 립시츠, 앙리 로랑스, 페프스너, 자코메티, 헨리 무어, 아르프… 막강한 시스템을 지닌 대大루브르가 이들에게서 보지 못한 것을 일개 수집가인 그녀가 보아낸 것이다. 그녀가 없었다면 오늘날 현대 미술의 목록은 훨씬 얄팍해졌을지도 모른다. 진정한 미술 중독자인 동시에 후원자였던 그녀에게 우리가 얼마나 많은 것을 빚지고 있는지 깨닫게 되는 대목이다.

음악, 그 돌려세우는 시간에 대한 해석

〈엘렌 그리모의 특별수업 Leçons Particulières〉
엘렌 그리모 Hélène Grimaud
현실문화연구 | 2007

음악에 관해 쓰인 글 중에서 내가 참 좋아하는 어떤 전기 속에서 미셸 슈나이더는, "음악은 떼어놓는다. '음악의 편린들이 내 머릿속으로 들어올 때면 나는 기이한 방식으로 나 자신과의 접촉을 끊는다. 내 주위에서 벌어지는 모든 일들로부터, 하나의 대화로부터 나를 떼어낸다.' 아마도 이런 이유에서 음악으로부터는 아무것도 떼어내지 말아야 한다. 청중도, 악보도(굴드는 악보를 갖고 연주하는 것을 몹시 싫어했다), 악기도. 심지어는 마지막 차폐물인 음音마저도."라고 쓰고 있다.(《Glenn

Gould Piano Solo, Aria et Trente Variations〉(Gallimard, 1988, 1994)) 음악이나 연주에 대한 기준이나 기호에는 자의성이 개입되지 않을 도리가 없다. 아는 만큼 들린다고 해도 치밀한 논리로 무장한 근거가 대책 없이 심정적인 기울어짐 앞에서 빛을 잃고 마는 데 바로 음악 듣기의 매력이 있는지도 모른다. 솔로몬, 치프라, 바카우스, 켐프, 클리번, 루빈스타인, 호로비츠의 베토벤을 번갈아 듣는 내게 누군가는 리흐테르 한 사람이 이 모든 이들을 합친 무게에 값한다고, 그중에서도 소나타 31번 Ab장조를 들어야 한다고 힘주어 말한 적이 있다. 정작 리흐테르 자신은 원하지 않으면서도 연주한 작품이라고, 하지만 그를 통해 노래하는 듯한 음색을 얻을 수 있었노라고 했다는 걸 그가 모르지 않았을 텐데도 말이다.

어디서 들었는지 아니면 그냥 갖게 된 생각인지 아슴한데, 내겐 모든 피아니스트를 두 개의 범주로 나눠서 생각하는 경향이 있다. 나누는 기준이 달라짐직도 한데 20대 이후 줄곧 같은 걸보면 게으르고 극히 주관적인 듣기이긴 하지만 그런 대로 시간의 무게를 견뎌온 기준이라고 말해도 될 것 같다.

호로비츠와 리흐테르, 다시 말해서 청중을 의식하는 쪽과 그렇지 않은 쪽이다. 전자의 범주에는 많은 피아니스트들이 있고, 후자에는 굴드와 리흐테르가 있다. 굴드는 32세에 청중 앞에서의 연주를 그만두었고, 리흐테르는, "내가 연주를 하는 것은 청중을 위해서가 아니다"라는 말로 내 인상을 확인시켜준다. "나는 나 자신을 위해 연주한다. (…) 약간 거칠고 솔직하게 말하자면, 나는 청중에 대해서 아무 관심이 없다. (…) 내 말을 나쁜 의미로 받아들이면 안 된다. 나는 단지 내가 청중의 반응에 아랑곳하지 않는다는 말을 하고 있을 뿐이다."(브루노 몽생종, 〈리흐테르〉)

엘렌 그리모는 전자에 속하는 피아니스트이다. 1987년 이래 20년 동안 전 세계를 누비며 펼쳐온 아찔할 정도의 연주 경력이 아니더라도 그녀가 연주하는 브람스의 몇 소절을 조금 크게 듣기만 해도 그 사실을 알 수 있다. 실제로 이 책에서 그녀는 자신이 의식하는 청중과의 교감에 대해 이렇게 쓰고 있다.

"연주회가 끝난 직후에는 음악이 연주되는 동안 개개의 청중들에게 흩뿌려진 내 몸의 조각들이 돌아와 다시 나라는 존재를 이루는 것 같은 느낌이 든다. 그렇게 다시 합체된 나는 서글픈 시詩 속을, 태평양보다 더 강한 한 줄기 물살 속을 떠돈다. 청중이 붙잡아주지 않는다면 나는 그 물살에 쓸려가고 말리라. (…) 연주회 때 나는 청중들의 얼굴을 본다. 그들의 미소를, 들어 올린 손에 눈길을 준다. 내게 몹시 친숙하고 필요한 존재가 된 그 낯선 이들 각각에게 나는 음악이 나를 통해 전달하고자 하는 모든 것을 전달한다. 그런 순간 객석과 나는 완벽하게 하나가 된다."

《뉴욕 타임스》 레코딩 리뷰에서 존 로크웰은, "그녀를 프랑스 피아니스트라고, 여성 피아니스트라고 부르지 말라"는 말로 강하고 웅장한 그녀의 연주에 대해 쓰고 있고, 역설적이게도 그녀 자신은, 서로 다르다는 것을 인정하면서도 연주의 구조적인 단단함과 예리한 리듬을 들어 굴드를 자신의 '우상'으로 꼽고 있다. '되돌려 세우는 시간'에 입각해 굴드의 이야기를 듣자면 그는 다른 이야기를 할 테지만. 요컨대 이 책은 청중을 의식하고 배려하는 음악가의 글이다. 한국어판 서문에서 말하고 있듯이 저자는 책을 통해 더 많은 이들과의 교감을 원한다. 실제로 음반의 녹음과정을 청중과 함께 한다는 기획을 내기도 했던 그녀의 청중 지향적 면모는, 다양한 함축을 품고 수많은 곁길로 통하는 이 글 속에서도 확인된다. 따라서 사실과 허구가 어우러진 '팩션'이라고 할 만한 이 여행기에서 독자는 음표와 우화를 넘나드는 독특한 이야기를 듣게 될 것이다.

사족 하나. 자신이 직접 듣고 연주한 음악에 대해 기록해 놓은 리흐테르의 기록을 다시 뒤적이다가 재미있는 한마디를 발견했다. 이 책에 나오는 엘렌 그리모의 스승인 피에르 바르비제의 1971년 슈만(피아노 4중주 Eb장조, op.47)에 대한 리흐테르의 짤막한 감상이다. "좋은 음반. 피에르 바르비제는 진정한 음악가임이 틀림없다. 머릿속은 아이디어로 부글거리고 손가락들은 정확하다." 들어봐야겠다.

전기보다 자유롭게, 감상보다 깊이 있게

〈모차르트 평전 Mystérieux Mozart〉
필립 솔레르스 Philippe Sollers
효형출판 | 2002

모차르트는 흔하다. 통화대기용으로 배경음악용으로 태교용으로 도처에서 울려퍼진다. 사무실을 나서면 엘리베이터에서 피아노 협주곡 20번 2악장이 흘러나오고, 차에 올라 라디오를 틀면 클라리넷 협주곡이, 거리를 걸을 때면 현악 4중주가, 전화를 걸면 상대와 연결될 때까지 교향곡 40번이 흘러나온다. 서울에서 도쿄에서 파리에서 런던에서 뉴욕에서 베이징에서, 저작권을 챙긴다면 오스트리아를 통째로 살 수 있으리라는 말이 과언이 아니다.

모차르트는 쉽다(연주자들은 물론 절대로 동의하지 않을 테지만). 실제로 귀족들의 소화를 돕는 데 일조했던 희유곡이 아니라도, 「작은 별 변주곡」의 곡조는 누구의 입에서 흘러나와도 자연스럽고, 「소야곡」의 리듬에는 누구나 박자를 맞추게 된다. 창가에 와서 지저귀는 새소리를 애써 연구하며 들을 필요가 없는 것처럼 그의 음악은 편안하게 들린다. 백화점의 공간을 경쾌하게 채우고, 피자 냄새와 기막히게 어울리며, 뱃속의 아이를 안심시킨다.

모차르트는 유명하다. 밀로스 포먼의 영화 「아마데우스」는 그런 기존의 지명도에 대중을 만족시키는 도식성을 가미함으로써 사태를 더욱 진전-악화시켰다. 솔레르스의 말대로 인용되는 빈도는 셰익스피어가 더 높을지도 모르지만, 생애에 대해서는 모차르트 쪽이 훨씬 더 많이 알려져 있다(이런 사정은 영화 「셰익스피어 인 러브」 이후에도 마찬가지인 것 같다). 기록성이냐 패러디냐 하는 차이로 두 영화를 단순 비교한다는 것이 무리이긴 하지만, 포먼은 모차르트의 사인을 둘러싼 여러 가지 설 중 타살설을 취함으로써 천재의 삶을 대중의 뇌리에 각인시키는 데 존 매든보다 유능했다.

이런 모차르트를 누리는 가장 좋은 방법은 그의 음악을 듣는 것이다. 분단위에서 초단위로까지 넘어가는 수동적인 토막 듣기가 아니라, 19분 49초를 할애해 클라라 하스킬이 들려주는 피아노 소나타

F장조에 귀를 기울이고, 아르튀르 그뤼모의 바이올린이 곁들여진, 피아노와 바이올린을 위한 소나타들(K378, K304, K376, K301)을 걸어놓고 눈을 감는 것이다. 실제로 솔레르스는 특정 연주자의 모차르트를 매일 반복해서 들을 것을 권하고 있다. 칼 뵘이 지휘하는 빈 필의 연주로 레퀴엠을 끝까지 듣는 데에는 이 책에 실린 가사 해설이 도움이 될 것이다.

「쇼생크 탈출」에서 팀 로빈스가 감방의 죄수들에게 「피가로의 결혼」 중 '달콤한 산들바람'을 들려주는 장면을 기억하는가. 곡조가 감옥의 높은 담장보다 더 높이 솟구쳐 그들에게 갇힐 수 없는 자신들의 일부와 대면하게 해주는 그 감동적인 장면을. 음악이야말로 형이상학의 핵심이라 했던가.

그래서인가. 이제 변화가 시작된다. 그의 음악이 알려진 것보다는 알려지지 않은 것이 더 많다는 사실을 알게 되고, 화음보다는 불협화음에 주목하게 되며, 데스피나의 대사를 새기기 위해 이태리어 사전을 뒤적이거나 관련 사이트를 들락거리게 되고, 그에 관한 신화가 아니라 사실이 궁금해진다. 흔하고 쉽고 유명한 모차르트가 이제는 신비롭다.

모차르트는 신비롭다고 솔레르스는 말한다. 전기보다 자유롭게, 감상보다 깊이있게 모차르트의 삶과 음악을 다루고 있는 이 책이 필요해지는 것이 바로 이 대목에서다. 그 신비를 솔레르스는 어디에도 묶이지 않은 자유로운 관점과 장르를 가로지르는 해박한 지식으로 독특하게 풀어낸다. 그리하여 우리는 비약을 두려워하지 않는 한 자유주의자의 성의 있는 모차르트 평전을 만나게 된다(이 점에 대해 한 평자는 《파리 마치》에 쓴 탁월한 글 '모차르트의 피리, 솔레르스를 홀리다'에서 다당한 찬탄과 비판을 보내고 있다). 신과 인간, 천재와 범인, 작품과 삶을 종횡무진으로 가로 지르는 솔레르스의 펜 끝은 때때로 공인된 범위를 벗어난다. 경험적 사실과 작품상의 현실을 긴밀히 연결시키는 솔레르스의 방식은, 모차르트 어머니의 죽음과 바이올린 소나타 21번, 피아노 소나타 8번을 연결짓는 경우에는 설득력을 갖지만, '후궁으로부터의 탈출'의 콘스탄체를 콘스탄체 모차르트와 동일시한 것이나 '강생'을 둘러싼 신의 현현을 모차르트의 출생과 연결 지은 것에 이르면 좀 너무 멀리 쏜 듯한 느낌이 든다. 그의 상상력은 주관적인 환상으로 이어지기도 하고, 그의 자유로움은 때때로 방종의 혐의를 부인할 수 없다.

    그런데, 놀랍게도 이것이 '먹히는' 것이다. 《파리 마치》의 평자는 이를 적절하게 지적한다. "그의 글을 읽지 않는 사람이라 할지라도 모두 솔레르스를 알고 있다. 그는 프랑스 문화의 대변자다. 그에게 질문을 던지면, 그는 그 질문을 다시 파악하고 돌려서 음미하듯 세 차례 중얼거린다. 마치 그 질문에 담긴 모든 상투성을 이면의 의미로부터 밀어내려는 것처럼. 그가 입을 여는 순간 지성의 전율이 관통한다. 그렇게 단순한 문제에 대해 그렇게 눈부시게 이야기를 풀어놓는 사람도 없을 것이다. 그리고 그의 이야기는 효과를 발휘한다. 그의 말을 거의 믿게 되는 것이다. 모두들 이 특별한 지식인의 매력에 빠져버린다."

결국 이 책 속에는 모차르트와 솔레르스가 녹아들어 있는 셈이다. 그리고 솔레르스를 음미하는 가장 좋은 방법은 그의 문장 속으로 들어가는 것이다. 모차르트의 음악이 함께 하니 금상첨화가 아닌가. 그렇게 해서 우리는 질 좋은 물음표 하나를 선물받는다. 인간과 인간 이상에 대해, 삶과 예술에 대해.

이 책을 번역하면서 클라라 하스킬의 연주를 줄곧 들었다. 가지고 있는 음반이 많지 않기도 하지만, 무봉의 천의를 전달하는데 그렇게 자연스럽기도 힘들다는 느낌 때문이었을 것이다. 하지만 음악을 잘 아는 지방의 후배가 생후 두 달 짜리 아기에게 들려준다며 청한 CD는 루돌프 제르킨과 발테 기제킹의 연주였다. 오를레앙의 벼룩시장에서 10프랑을 주고 산, 브루노 발터 지휘의 교향곡 35번과 40번, 그리고 역시 발터 지휘로 미뉴에트와 오페라의 서곡들을 모아놓은 LP 역시 고단한 작업을 도와주었다. 아는 만큼 보일 뿐이니 이 책은 결국 모차르트에 대한 솔레르스의 해석에 대한 역자의 해석일 뿐인가.

5장

발길
닿는 대로
걸어도

키케로의 찬탄대로 아리스토텔레스의 문장이 "황금이 흐르는 강"에 걸맞은 탁월한 것이었는지 부박한 지식의 나로서는 알 수 없지만, 운동하는 사물의 본질을 밝히는 그의 네 가지 원인론을 읽고 머릿속 한 켠이 환해졌던 경험이 있다. 예컨대 수레의 질료인은 나무나 금속 등이다. 천이나 솜이어서는 굴러갈 수 없다. 형상인은 원형, 작용인은 말이나 소, 마지막으로 목적인은 이동이다.

1990년대 후반 개인적인 사건을 겪으면서 번역의 목적에 대해 생각해보게 되었다. 왜 번역을 하는가, 왜 문학 번역을 하는가. 그러면서 '지금 여기'에 직접적으로 필요한 책들로 눈을 돌리게 되었다. 긴급하고 간절한 현실에 접근하는 문학의 보조가 느리다는 이유도 있지만, 그 경험으로 모든 길은 서로 통한다는 걸 절감하게 되어서다.

셰익스피어 연구에 수년을 바친 선배가 교수 임용에 탈락한 후 귀농을 결심했고, 불문과를 졸업하고 프랑스로 건너가 박사학위를 받은 동창이 연구하고 가르치는 대신 가업을 이어받아 음식점을 운영한다는 소식을 들었을 때 느꼈던 안타까움이 장 지오노를, 간디를 읽고 나서 새로운 기대와 긍정으로 이어졌다.

김을 매고 새참을 먹고 논두렁에 앉아 셰익스피어를 읽는 농부, 지극히 한국적인 요리를 현대적인 감각으로 다뤄내는 경영자, 결국 한 사람의 경험의 총체가 그 사람이 하는 일에서 우러나오게 하는 것은 얼마나 신나는 일인가.

시간이 모는 이 일방향의 수레를 타고 이 세상을 지나 당도할 곳이 어딘지 알 수 없지만, 내 모든 경험과 생각이 합당한 질료가 되어 좋은 '이동'을 할 수 있기를!

문장의 미궁 속을 돌아나온
생태학적 에세이

〈진정한 부 Les Vraies Richesses〉
장 지오노 Jean Giono
두레 | 2004

케빈 베인즈에 의하면 자본주의적 정글의 법칙이 적용된 세계화는 제3세계 곳곳에서 '일회용 인간'을 만들어 냈다. 태국의 15세 소녀 시리는 줄곧 감금당한 채 날마다 매춘을 하고, 모리타니의 빌랄은 돈 한 푼 손에 쥐지 못한 채 평생 물지게를 지며, 브라질의 호나우두는 감시의 눈길 아래서 아침부터 저녁까지 목탄을 굽고, 파키스탄의 아타울라는 어린 자식들까지 동원해 평생 벽돌을 찍어내지만 빚은 늘어만 간다.

그렇게 생산된 세계의 부를 합법적으로 독점하는 제1세계의 몇몇 나라를 들먹이지 않더라도, 압제와 전쟁과 가난을 벗어나 막 OECD의 회원이 된 우리는, 방콕의 에메랄드 사원 앞에서 사진을 찍고, 귓속의 연약한 살을 찔리며 묘기를 부리는 코끼리의 쇼를 감상하며, 가무잡잡한 마사지 처녀의 손에 발을 맡긴다. 우리가 아는 호나우두는 천문학적인 연봉을 받는 축구선수뿐이고, 인도와 티베트는 그 압도적인 자연으로 여행의 충동만을 불러일으키며, 파키스탄 하면 속속 검거되는 불법 체류자들의 얼굴을 먼저 떠올린다.

리브 고슈의 지성이나 카페 되 마고의 낭만이나 일드프랑스 궁전의 호화로움 같은 것에는 단 한 줄도 할애하지 않고 있는 이 책은, 읽는 이를 불편한 자기반성의 자리에 세운다. 파리의 호텔 방 창문에서 도시가 인간을 얼마나 피폐하게 만드는지, 빨리 싸게 많이 물건을 만드는 일에 어떤 위험이 숨어 있는지를 지켜보게 하고, 벨빌 가를 걸으며 공장 제품과 똑같아진 사람들과 맞닥뜨리게 함으로써 군중 속의 고독이 어떤 것인지를 알려준다. 이제 인간은 날개도 발톱도 잃어버린 왜소한 존재가 되어 대량생산의 쳇바퀴 속에서 하나의 부품이 되어 있지만, 더 늦기 전에 광야로 가는 세례 요한처럼 도시의 흙을 박차고 떠난다면, 가장 문명화되고 가장 정치적이고 학문의 피해를 가장 많이 본 사람에게도 아직 희망이 남아 있다고 나직하게 일러 준다.

인간의 비극은 그 자신의 지성에서 시작되었다. 자신을 신의 자리에 세우고 자연의 법칙을 무시하는 그 '사이비 지성'으로 인해 인간은 본래성을 잃고 자연과 유리되었다. 이런 상황에서 '빵'을 사는 대신 만들어 먹는 행위는 지성에 기초한 사회가 만든 인위적인 경제 행위를 무력화시키며, 생명을 지지해주는 물질을 탈취하고 변질시키는 '체제'의 부당성에 눈뜨게 한다. 아울러 그 '빵'을 공동화덕에서 굽는 일은 개인을 공동체와 연결시킨다. 건강한 자연의 힘 앞에서 석탄의 고름을 토해 내는 굴뚝으로 뒤덮인 괴물, 곧 도시가 물러난다. 우리가 아직 오염되지 않은 내면의 소리에 귀를 기울이고 불끈 일어나 예속의 사슬을 끊어 버린다면, 공허한 풍요를 내치고 풍요로운 가난을 받아들인다면, 모두가 고르게 가난한 사회를 위해 용기를 낸다면, 진정한 삶이 시작될 것이라고 이 책은 간절하게 역설한다.

은행에서 종이 위에 숫자를 쓰느라 가을날 오후 네 시 들판의 빛깔이 어떤 것인지 모르고 산다면(그것은 지오노가 열여섯 살 때부터 17년간 해온 일이기도 하다), 그것은 풍요가 아니다. 밭을 갈고 새끼 양을 돌보고 씨를 뿌리고 벽을 세우고 아이를 만드는 거친 농부의 삶이 진짜 삶이다. 그 밭에서 나오는 소출은 수많은 농약과 첨가물과 방부제에 절어 있지 않다. 거대 기업의 자본 논리가 유전자 조작된 일회용 종자를 만들어 내고 있는 지금, 선한 농부의 씨앗 한 봉투에 인류의 미래가 달려 있다고 이 과격한 강경 평화주의자는 목소리를 높인다. 우리가 배운 지식이 밥벌이의 수단이 아니라 내적 품위의 기초를 이루는 게 당연한 세상, 논두렁에서 새참을 먹고 나서 다산을, 두보를, 셰익스피어를 읽는 농부들을 자주 만나는 그런 세상을 앞당기자고 이 책은 힘주어 말한다. '소설이자 에세이이자 생태학적 선언문'인 이 책에는 극히 개념적인 식설법을 주조로 더할 수 없이 문학적인 비유와 은유가 문장의 미궁을 만들어 내는 한편, 자주 등장하는 실제 지명에 낯익어 하며 파리의 거리에서부터 프로방스의 오솔길을 따라가던 독자로 하여금 어느 순간 신화의 공간, 상상의 공간 속으로 들어와 있음을 깨닫게 하는 단순하지 않은 문학적 장치들이 자리 잡고 있다. 지오노는 안개를 동원해 현실의 공간을 지각할 수 없는 '상상과 현실의 교차 공간'으로 만들고, 그 안의 모든 존재들 심지어는 돌이나 물, 흙 같은 무생물까지도 생명과 성깔이 있는 존재로 그려낸다. 계곡은 우주의 자궁이 되고 보습의 날에 찔린 땅은 짐승처럼 신음을 내지른다.

그리하여 직설적인 메시지에 해독을 요하는 스틸을 지닌 다소 생경한 이 작품을, '원문에의 경의'를 내세운 번역으로 더 어렵게 만들어서는 안 되겠다는 생각으로 초교지를 온통 빨갛게 만들며 문장을 풀어냈으나 성과는 불확실하고 아쉬움은 깊다. 다만, 번역하는 동안 줄곧 머릿속을 떠나지 않던 그 사람, 이 글을 쓰기 위해 회양목 지팡이를 들고 서둘러 산길을 내려오는 그 사람, 200년 후 울창한 아름드리 거목을 꿈꾸며 한 알의 도토리를 땅에 묻는 그 사람을 소개하는 기쁨만큼은 숨길 수 없다.

그래도, 노엄 촘스키와 하워드 진을 가진 나라

⟨미국 미국 미국 Une Amérique qui Fait Peur⟩
에드워드 베르 Edward Behr
한뜻 | 1996

미국은 앞으로도 세계 초일류 국가 자리를 고수할 수 있을 것인가? 이러한 질문에 대해 ⟨미국의 도전 Le Défi Américain⟩(장자크 세르방슈라이버) 같은 60년대에 출간된 예측서들은 한결같이 긍정적인 전망을 내놓았다. '아메리칸 드림'의 정신적 바탕 위에 막강한 군사력과 자본에 힘입어 미국의 위력은 점점 더 커져가리라는 것이었다. 그러나 70년대 이후 냉전종식으로 인해 군사대국의 의미가 퇴색되고, 일본과 독일의 경제적인 위협을 받기 시작하면서 이러한 전망에는 다른 가능성들이 끼어들기 시작했고, 나아가 '쇠퇴의 나선'이 들먹여지면서 미국 내의 여러 부정적인 현상들이 논의되기 시작했다.

그리고 90년대 중반을 넘어가자 같은 질문에 대해 상반된 견해들이 나오고 있다. 높은 범죄율과 낮은 투표율, 흑백문제, 마약문제, 빈부격차를 들어 부정적인 견해를 피력하는 글들이 있는가 하면, 〈미국은 특별하다American Exceptionalism〉(세이머 립셋)에서 주장하듯 미국이 지닌 몇 가지 예외성이 건재함에 비추어 그러한 불안에 쐐기를 박는 책도 있다.

그중에서 이 책은 일반적인 미국 비판서와는 다른 특징을 갖고 있다. 이 책에서는 미국의 흥망 자체보다는 그런 미국이 유럽에, 나아가 세계에 미칠 영향에 관심의 초점을 맞추고 있다. 햄버거와 청바지, 팝송과 영화로 이미 세계인들의 일상에 파고든 미국, 그 미국의 심각한 도덕적 정신적 타락이 몰고 올 파장에 우려의 시선을 보내고 있는 것이다.

그런 점에서 보자면, 이 책은 지난 50여 년 간 태평양을 건너온 기침 하나로 바로 감기에 걸려버리는 취약한 구조 속에 있어 왔던 우리에게 더 없이 긴요한 책이라고 할 수 있다. 실제로 광복 후 지금까지 우리가 문화적 경제적 군사적으로 얼마나 미국의 편중된 영향권 내에 있었는가를 감안한다면, 영국인인 저자가 느끼는 두려움은 오히려 약과인 감이 있다. 미국의 개입이 없다면, "백배천배 복수당한" 위험에 처한, 병든 소를 들여와야 하고 「포레스트 검프」를 올려야 하는 상황에서 과연 「코스비 가족」이 재미있기만 할 것인가.

《뉴스위크》지 기자로서 오랫동안 기자의 눈으로 미국의 구석구석을 살핀 저자가 제기하는 미국의 문제는, 대학 사회를 좀먹고 있는 새로운 지적 매카시즘(저자는 이 책 곳곳에서 '정치적 올바름'의 부작용을 고발하고 있다), 선정적인 매스컴과 영합한 사이비 과학이론의 발호, 배심원제도의 심각한 문제점과 늘어나는 재판부의 실수, 가치판단 자체가 다르게 적용되는 흑백 문제, 나아가 성공한 흑인층과 그렇지 못한 흑인층 간의 흑흑 문제, 로리나 보비트 사건으로 표면으로 떠오른 남녀 간의 대화단절과 남성들이 제기하는 역차별 문제, 디트로이트로 대표되는 소비되고 버려지는 도시 문제, 벙커 도시나 경호업체의 호황으로 대변되는 공권력 너머의 사회, '적극 조치'의 결과 발생한 심각한 학력저하 등 실로 미국 사회 전반에 걸친 것들이다.

어느 사회에나 문제가 있기 마련이고, 더구나 인구 2억 5,000만의 미국에 여러 가지 문제들이 있다는 것은 당연하다. 다만, 이러한 문제의 근원에 무엇이 자리 잡고 있으며, 그것이 어떤 방향성을 갖고 있는가를 점검해보는 일은 중요하다. 결혼한 흑인의 3분의 2가 결국 이혼하고, 흑인 아이의 68퍼센트가 사생아이며, 흑인 가정의 60퍼센트가 아버지가 없는 가정이라는 통계상의 사실을 확인하는 데서 나아가, 최근 이 수치가 계속 증가해왔고, 최근의 '적극 조치'로 더욱 악화되었다는 사실에 주목해야 한다.

나아가 이런 현상의 저변에 미국 일반 대중의 도덕적, 정신적 타락이 자리 잡고 있음을 아는 일은 중요하다고 저자는 말한다. 그리고 그 결과 우리에게 어떤 영향을 미칠 것인가, 그에 대해 무엇을 어떻게 해야 하는가를 가늠해보는 일은 더욱 중요하다. 우리가 다른 나라의 문제점을 문제 삼는 것은 바로 그 때문이다. 또한 그럼에도 불구하고 미국은 여전히 노엄 촘스키와 하워드 진이 있고, 그들의 발언이 제대로 보도되는 나라라는 사실을 잊지 말아야 한다.

번역의 원본으로 〈Une Amérique qui Fait Peur〉(Plon, Paris, 1995)를 사용했다. 내용의 동등성에 비중을 둔다는 점에서는 다소 가벼웠지만, 넘치는 정보들에 대한 기본적인 이해가 있어야 했기에 역시 벅찬 작업이었다. 저자의 꼼꼼한 주석과 감칠맛 나는 풍자 문장, 현상의 이면을 짚어내는 혜안과 일반 독자를 염두에 둔 평이한 서술에 많은 도움을 받았다. 아울러 문학에 치우친 독서 편식에 균형을 잡는 데 일조한 작업이었다.

'해석'은 틀릴 수 있지만, 그 구리 대야에는 '실상'이 비쳤다

〈노스트라다무스 새로운 예언 Nostradamus: Nouvelles Prophéties〉
장샤를 드 퐁브륀 Jean-Charles de Fontbrune
정신세계사 | 1996

노스트라다무스의 문맥에서 세계를 읽는 일은 고통스럽다. 시공의 마디마디를 꿰뚫어내는 그의 눈길이 거의 언제나 어두운 쪽에 고정되어 있기 때문이다. 별자리를 빌어 시기를, 글자 바꾸기와 비유를 통해 장소를 밝히면서 그는, 평화나 풍요나 기쁨보다는 불, 칼, 당겨진 활, 눈물, 가뭄, 기아, 고통, 멸망에 대해 말한다. 이에 대해 이 책의 저자인 장샤를 드 퐁브륀은 자멸로 내닫는 인간의 걸음을 멈추게 하기 위해 불가피했던 충격 처방이라고 설명한다. 실제로 노스트라다무스의 예언에 의하면 인류의 미래는 암담하다. 20세기말을 전후로 큰 전쟁이 벌어지고 기아와 가뭄과 역병과 폭우와 지진이 세계 곳곳을 강타해 많은 이들이 고통을 당한 후에야 평화가 찾아온다는 것이다.

실제로 이러한 징후들은 현재 세계 곳곳에서 나타나고 있다. 냉전 종식 이후 이른 바 '공포의 균형'이 무너지면서 격화된 이슬람권과 기독교권의 뿌리깊은 갈등, 민족 청소를 앞세우며 저지르는 반인류적 만행, 피의 보복, 끝없는 테러가 보스니아, 아프가니스탄, 러시아, 터키, 알제리 등 세계 곳곳에서 벌어지고 있다.

노스트라다무스의 예언을 대하면 그의 동시대인들이 그랬던 것처럼 오늘날의 우리 역시 두려움에 질리게 된다. 그 동안의 인류 역사가 그 예언의 정확성을 확인해 주고 있기에 더욱 그러하다. 그렇다면 미래를 바라보는 것, 앞으로 일어날 일을 예언하는 것이 사람들의 희망을 앗아가고 그들을 겁에 질리게 하는 일이란 말인가? 노스트라다무스는 이에 대해 다음과 같이 대답한다. 삶이 죽음으로 끝난다는 사실이 자살의 이유가 될 수 있는가 라고. 내 예언에 담긴 것은 공포가 아니다, 나는 미래의 세상을 알려주는 전달자일 뿐이다, 이성적인 이들은 내 예언이 보여주는 길을 찾을 수 있을 것이다, 우리 자신과 타인의 공포를 극복할 수 있을 때 인간은 비로소 이성적인 존재가 된다고 그는 말한다.

반드시 과장이라고만은 할 수 없는 충격적인 표현 방식 이외에도 노스트라다무스에게는 자신이 본 바를 직설적으로 쓰는 대신 비유나 변형에 기대지 않을 수 없었던 이유가 있었다. 종교재판과 마녀사냥이 횡행했던 당시의 폐쇄적이고 경직된 분위기가 그를 괴롭혔다. 실제로 그는 대수롭지 않은 농담 때문에 종교 재판에 회부될 뻔하기도 했다. 그리하여 노스트라다무스는 몇 가지 방법을 동원해 예언을 포장함으로써 종교재판의 불길을 피해 자신의 예언이 후세에 전달되게 하는 쪽을 선택했다. 암호에 가까운 이러한 변형 작업은 오늘날 동일한 원전을 두고 연구자마다 해석이 다르게 되는 결과를 낳았다.

이 책의 저자 장샤를 드 퐁브륀은 전세계 수백 명을 헤아리는 많은 노스트라다무스 연구자들 중에서 객관성과 공정성으로 권위를 인정받고 있다. 특히 노스트라다무스처럼 프랑스인이라는 점에서, 곧 원전의 저자와 문화적, 언어적 배경을 공유한다는 점에서 퐁브륀은 압도적 우위에 있다. 노스트라다무스의 원전은 라틴어의 영향이 강한 중세 프랑스어로 되어 있는 탓에 언어학적 접근 없이는 자의적 해석의 혐의를 면하기 어렵기 때문이다. 아울러 예언에서 말하는 사건의 공간적 위치를 짚어내기 전에, 노스트라다무스 자신이 조국의 미래를 최우선적 관심사로 삼고 그런 관점에서 유럽 전역의 사건들을 집중적으로 다루고 있음을 염두에 두어야 한다는 저자의 주장은 설득력이 있다.

해석을 지나 해독을 요하는 수수께끼 같은 노스트라다무스의 원전은 종종 코에 걸면 코걸이, 귀에 걸면 귀걸이라는 비난을 받고 있는데, 존 호그 같은 영미 연구자들의 해석에서 그 예를 찾을 수 있다.

노스트라다무스가 4행시 1-26, 4-14 등에서 케네디 대통령의 암살을 예언했다는 호그의 주장은, 그런 전제에 대한 인식 부족에서 나온 것이라고 퐁브륀은 일침을 놓는다.

원전의 번역문을 인용한 후 곧장 연구자의 주장을 개진해놓은 많은 노스트라다무스 연구서들과는 달리 이 책은, 프랑스어를 모르는 일반 독자들도 저자의 안내를 받아 몇몇 언어적 장치의 껍질을 벗겨내고 속뜻에 도달할 수 있게 한다는 중요한 장점을 지니고 있다. 이같은 방식은 물론 저자가 일반 프랑스인 독자들을 위해 기울인 배려이겠지만, 중세 프랑스어와 라틴어는 오늘날의 프랑스 대중에게도 역시 낯선 것인 만큼 그 설명이 상세하다. 해서 우리 독자들도 차근히 읽어간다면 충분히 맥을 잡을 수 있다.

연구자의 결론을 강요받는 대신 원전의 단어 하나하나를 해부해 그 내용을 파악한 다음 이어 해석자의 견해를 가늠할 수 있도록 해주는 이 책은, 이 분야에 있어서 퐁브륀 부자의 명성을 다시 한 번 확인시켜 준다. 이 책을 통해 우리는, 타고난 총명과 관심 이외에 철학과 연금술, 비술학, 유태교의 신비철학, 최면술, 점성술의 지식을 갖춘 노스트라다무스가 도달했던 그 신성의 일단을 '직접' 느낄 수 있는 드문 경험을 하게 된다.

번역의 원본으로는 ⟨Nostradamus: Nouvelles Prophéties⟩

(Editions Ramsay, 1995)를 사용했고, 본문에 나오는 원전들을 전체 차례별, 본문 순서별로 정리해 첨부했다. 중세 프랑스어 및 라틴어의 의미와 용법은 저자의 견해와 다소 이견이 있었지만 그대로 따랐고, 각 단어의 울림을 느낄 수 있도록 하기 위해 인용된 원전은 원칙적으로 직역했다. 부족한 실력과 열의에도 불구하고 이 일을 끝낼 수 있었던 것은 저자의 꼼꼼하고 친절한 일러주기 덕분이었다. 그의 해석이 간혹 자의적이라 해도 그런 배려는 여전히 중요한 것으로 남는다.

또한 인류의 미래를 걱정하며 자신이 본 '우주'를 써내려간 위대한 영혼을 접할 수 있었던 까닭에 순간순간이 마지막이라는 인식 하에서만 진정한 성숙이 있을 수 있다는 인식을 새로이 할 수 있었다. 타인에 대한 그런 배려와 도움이야말로 노스트라다무스가 자신의 예언을 통해 후세에게 주고자 했던 교훈이 아니었을까.

단숨에 인간이라는 종의 함량을 높이다

⟨마음을 다스리는 간디의 건강철학 Gandhi's Health Guide⟩
모한다스 K. 간디 Mohandas K. Gandhi
뜨란 | 2000

"1869년 모한다스 카람차드 간디가 태어났을 때, 인도는 영국의 식민지였다. 1948년 마하트마 간디가 한 과격한 힌두교도의 손에 암살되었을 때, 인도는 독립국가가 되어 있었다."

인도에 애착을 가진 프랑스 철학자 카트린 클레망은 ⟨간디, 위대한 영혼의 소유자⟩에서 이렇게 쓰고 있다. 하지만 어떤 점에서 보자면 간디의 진짜 업적은 한 나라를 제국주의로부터 독립시킨 것(누가

이 사실에 이의를 달겠는가!)이 아닌 다른 데 있다. 철저한 자기 개혁으로 친구는 물론 적까지 감화시켰던 이 특이한 호모 사피엔스 사피엔스는, 이 세상에 왔다 감으로써 '혼자서 단숨에' 인간이라는 종 전체의 함량을 높여 놓았다. 실제로 그의 호소는 일상에 매몰되어 있던 수많은 인도인들의 마음을 움직임으로써 탄압과 투옥을 두려워하지 않고 비폭력, 불복종 운동에 나서게 했고, 인간에 대한 사랑과 예의를 지키는 그에게 적들까지도 존경을 표했다. 자신의 욕망을 철저히, 아울러 기쁘게 다스릴 줄 알았던 깡마른 단신의 이 사내는 역사상 그 예를 찾아보기 어려운 내적 방식으로 20세기의 세 가지 골칫거리, 곧 식민주의, 인종주의, 폭력주의를 타파하는 혁명을 이끌어냈다.

이 책은 그런 간디를 조금 다른 관점에서 보여준다. 그가 주관했던 신문 《하리잔》이나 《영 인디아》를 비롯, 여기저기에 발표한 것 중에서 건강과 위생에 관련된 글들을 모은 이 책에는 인간 모한다스 간디가 마하트마(위대한 영혼) 간디가 되는 식이요법이 담겨 있다. "망고 나무를 치료해주려고 나무 위로 올라가는" 고운 마음씨의 소유자이긴 했지만 평범한 장난꾸러기였던 소년 간디, 〈바가바드 기타〉의 가르침에 충실했지만 서구식 양복 입기를 즐겼던 청년 변호사 간디가 인도의 바푸, 인류의 마하트마가 되기 위해서는 엄정한 자기 통제의 강을 건너야 했다.

경전과 기도와 묵언이 간디의 영혼을 만들었다면, 채식과 금욕과 절제와 단식은 간디의 몸을 만들었다. "그가 먹는 것이 곧 그 사람"인 것처럼, 결국 간디가 어떠한 고난에도 굴하지 않고 인류의 양심을 대변할 수 있었던 것은 건강한 마음과 몸의 양식을 취했기 때문이었다. 그렇게 해서 그는 인간의 몸과 마음이 분리되어 있는 것이 아님을, 음식과 감각과 생각이 서로 소통함을 실천을 통해 보여주었다. 자기의 몸과 마음을 대상으로 평생에 걸쳐 실험을 계속했고, 그 과정과 결과를 낱낱이 기록했다. 실제로 여기에는 과일 식이요법, 채식 식이요법, 서구식 약을 대신하는 대체요법, 자연의 면역력을 높이는 자연 치유법, 그리고 그를 토대로 한 아슈람 생활 등 실제 경험에 기초한 의식주 전반에 걸친 간디의 섭생법, 각 식품에 대한 구체적인 분석과 의학적 견해, 직접적인 체험 사례들이 수록되어 있다.

물론 이 책에 실린 글은 간디 자신이 인도의 민중을 염두에 두고 쓴 것이기 때문에 현재 우리의 실정과는 동떨어진 것도 있고, 상당히 교화적인 논조를 취하고 있는 것도 있다(번역이나 편집 과정에서 손을 보는 것이 어떨까 싶기도 했지만, 간디의 육필을 훼손하지 않고 직접 전하고 싶은 마음에서 그대로 두었다). 또한 이 책에서 간디가 말하는 건강법은, 일반인들에게는 불가능한 것을 요구하는 듯도 싶다. 그래서 그 가차 없는 엄격함에 지레 질려 책을 덮어버릴 수도 있고, 도덕군자의 진부한 설교로 치부해버릴 수도 있다.

간디의 어조는 가만가만하고 차분하지만, 그 행간에는 인간

됨의 근원적 의미를 묻는 근본적 과격함이 실려 있다. 놀라운 것은 이 글을 읽어나가다 보면 자신도 모르게 알 수 없는 힘에 차츰차츰 점령당해 마침내 스스로를 돌아보고 새롭게 각오를 다지는 특별한 경험을 하게 된다는 사실이다. 간디의 동시대 사람들이 그랬던 것처럼, 영어판 독자들이 그랬던 것처럼, 그리고 역자가 그랬던 것처럼.

그런 점에서 보자면 이 책은 실제적 건강 지침서로서보다 실천적 사상서로서 갖는 가치가 크다. 현대인들이 값싼 소화제 한 알로써 쉽고 간단하게 해결해 치우는 과식과 과음의 후유증에 대해 간디는 이렇게 말한다. 과식을 했다면 그 벌로 고통을 당해야 한다고, 그리하여 몸으로 하여금 스스로 깨달아 똑같은 잘못을 반복하지 않게 해야 한다고. 우리 자신이 받아야 할 벌을 약을 통해 모면하는 건 존엄성을 지닌 인간이 할 일이 아니라고. 이런 인과의 법칙은 모든 것에 어김없이 적용되고 그것을 직시하는 것이 인류가 살길이다. 왜냐하면 우리가 지금부터라도 선의 길을 걷는다면 선한 보상을 받을 수 있을 것이므로. 그래서 아인슈타인은 간디의 '비폭력'이야말로 원자탄 시대의 대량 살상을 막을 수 있는 유일한 처방이라고 말했는지도 모른다.

번역의 방향 전환을 염두에 두고 난 후 처음으로 번역한 책이다. 지금 여기에 우선적으로 필요한 책, 가까운 이들에게 권하고 싶은 책을 소개하고 싶었다. 몸과 마음의 음식을 통제함으로써 몸이 마음의 스승이 되고, 마음이 몸의 주인이 되는 원래의 자리로 회복되는 것은 얼마나 중요하고도 절박한지.

침 발라 눌러쓴 투박한 글에
기존의 문학이 길을 묻다

〈그러나 삶은 지속된다 Kobzar's Children〉
마샤 스크리푸치 엮음 Marsha Skrypuch
뜨란 | 2011

떠나온 것에서도
떠나지 않은 마음은
생각할 때마다
나를 웃기고 나를 울린다.

— 한노올의 〈넝쿨잎 사랑〉 중에서

이 책의 글은 19세기 말부터 20세기 초에 걸쳐 고향을 떠나 캐나다 서부에 정착한 우크라이나 이민자와 그 후손들의 체험을 기록한 이른바 '이민문학'에 속한다. 유럽인의 북아메리카 및 호주 이민, 과거 식민지국가들의 유럽 이민, 터키인과 그리스인의 독일 또는 네덜란드로의 일자리 이민, 나치 시기 독일인의 이민 등과 마찬가지로 우크라이나인의 캐나다 이민을 다룬 이 작품들은, 좀더 깊은 뿌리를 갖고 있는 아프리카-아메리카 문학이나 후기 식민지문학과 기본적인 틀은 같으나 그 성격상 다른 점이 많다.

이동 displacement이란 모든 이민 상황에 적용되는 키워드로서 이민의 주체에게 신체적, 사회적, 문화적 결락감 out of place을 불러일으키는 공통적 특성이다. 이민자들은 출신 국가나 지역마다 정치 경제를 비롯하여 여러 부문에서 배경이 차이날 수밖에 없다. 그런 만큼 그들은 낯선 땅에서 서로 다른 삶의 층위를 만들어낸다. 현재 진행되고 있는 이민문학 연구는 주로 이민 그 자체, 곧 새로운 정착지에서의 다양한 경험, 인종 차별주의, 적대감, 그리고 뿌리 뽑힘과 이주와 환경 변화의 혼란 속에서 연유한 정체성 찾기에 초점을 맞추고 있다.

이러한 특징은 세대교체와 더불어 희석되고 변하기 마련이다. 이민 1세대와 그들의 자손인 2세대, 3세대 사이에 간극이 생기는 것이다. 이제 떠나온 곳에 대한 그리움은 정착과 적응, 나아가 결혼을 통한 혼혈과 언어 및 문화의 융합이라는 새로운 변수를 만들어낸다.

〈토박이〉로 아프리칸-아메리칸 문학의 거목으로 우뚝 선 리처드 라이트는 말한다. 이민문학이 회고와 감상을 뛰어넘는 전망을 갖기 위해서는 "작가는 시든 에세이든 소설이든 특정 장르를 넘어서는 어떤 전망, 떠나온 곳이든 정착한 곳이든 구체적인 장소를 넘어서는 지적 공간으로서의 어떤 지점에 대한 가열찬 의식을 가져야 한다"고. 요컨대 동족의 운명에 대해 진지하게 사고하고 그것을 세계적 맥락에서 가늠해야 한다는 것이다. 대부분 제3세계에서 뿌리 뽑혀 낯선 제1세계의 토양에서 적응해야 했던 이민문학이 나아갈 길을 그는 그렇게 제시한다.

이 책에는 시간적 배경이 한 세기에 걸친 열두 편의 이야기가 실려 있다. 작은 '나'와 큰 '나'가 겹치고 교차되면서 개인적 또는 민족적 체험이 보편적인 공감과 감동을 불러일으키는 특별한 이야기들이다.

이 책의 열두 편의 글 중에서 부유한 우크라이나 지주 집안 출신인 한 여인이 약혼자를 따라 캐나다로 이민 와서 갖은 고생 끝에 일가를 이루기까지의 이야기가 '집짓기'를 중심으로 꼼꼼하고 다채롭게 펼쳐지는 '어머니의 집'은 풍부하고 적확한 묘사와 설명으로 마치 세밀한 풍속도를 감상하는 듯한 즐거움을 안겨준다. 낯선 땅에서 겪어야 했던 신산과 고통을 엄살 없이 삶에 녹이면서 자신의 자리에서 하루하루 버텨낸 이들에게 새로 지은 집은 곧 '시'이다.

'안드리의 휴식'은 제1차대전 시 재 캐나다 우크라이나인들이 겪어야 했던 부당한 대우에 대한 하나의 발언이다. 오스트리아의 지배하에 있으면서도 바로 그 이유로 캐나다의 적국이 되어야 했던, 역사의 격랑에 휘말린 약소국의 비애와 아픔을, 힘의 논리의 부당함을 그렇지만 순한 어조로 고발해 더욱 커다란 설득력을 얻는다. 묻혀버린 역사의 갈피를 되짚어내는 이런 이야기들은 문학의 참 중요한 한 부분을 단단하게 보완한다.

이 책에서 가장 문학적이라고 할 만한 글 '나예요, 타탸'는 과거와 현재, 추억과 현실을 씨실과 날실로 해서 위니펙 파업이라는 역사적 사건 속에서 한 이민여성 노동자의 삶과 사랑을 의식과 무의식의 층을 넘나들면서 뭉클하게 불러온다. 평생에 걸친 고된 노동으로 지문이 닳아버리고 마디가 불거진 손으로 침 발라 꾹꾹 눌러쓴 누군가의 일기장을 들춰보는 것 같다.

한편 다닐로라는 한 소년의 체험으로 홀로코스트와는 또 다른 '홀로도모르' 곧 기아로 인한 치사를 생생하게 다루고 있는 '살아남은 자의 슬픔'은, 도대체 인간이란 무엇인지를 다시 묻게 만드는 넌픽션 문학의 절정이다. 실제로 이 글의 필자는 이와 비슷한 체험을 지닌 이들을 여럿 만날 수 있었노라고 말하고 있는데, 추정에 의하면 이 기근으로 우크라이나에서 300만 명이 희생되었다고 한다. 한 굶주린 젊은 작가의 낡은 외투 속을 파고드는 허기에 대해 말하는 크누트 함순의 〈굶주림〉만을 알고 있던 나의 문학적 편식이 부끄러웠다.

따뜻한 '피리나'(이불) 속의 달콤한 겨울잠과 맛있는 '살로'(돼지비계) 냄새가 물씬 풍기는 '빨간 부츠'는 우크라이나의 민속적 향기가 깃든 한 편의 재미있는 동화다. 여기에는 생존과 노동이 긴밀히 연결되는 건강한 삶이 있다. 젖소는 외양간에서 젖을 만들고, 말들은 미끄러운 눈길을 달려가고, 다섯 살짜리 꼬마는 아침 일찍 일어나 현관 앞을 비질한다. 그 가운데 젖 짜는 시간은 엄숙히 지켜지고 말에게는 제 몫의 귀리 자루가 주어지며 사람들은 깨끗한 옷으로 차려입고 소똥과 양모와 땀 냄새가 풍기는 드넓은 홀에 앉는다, 그 유명한 카삭 노래와 춤을 즐기기 위해.

'카타리나를 위한 노래'에서는 부모를 따라 새 땅으로 와서 행복한 삶을 꿈꾸었으나 희생되고 만 한 우크라이나 처녀의 가슴 아픈 이야기가 펼쳐진다. 개인의 삶이 역사에 어떻게 희생될 수 있는지를 섬세한 문장으로 보여주는 작품이다. 특히, 낯선 땅에서 정착하는 과정에서, 그리고 전쟁이나 점령 같은 어려움에 봉착해서 사회적 약자인 여성들이 당해야 했던 부당함과 그 사실에 오히려 수치를 느껴야 했던 이중고를 환기시킨다.

스테판 페텔리키는 '아우슈비츠, 지옥의 끝'을 실제 체험에 입각해 썼다. 문장마다 담긴 절실함과 일화마다 확인되는 생생함과 충격적인 강도를 감안한다면, 길이와 역사적 정보를 조금 더 보완하면 나치 잔혹사 체험담의 본보기가 될 만하다. 유대계 이탈리아인으로 제2차대전말 아우슈비츠에서 1년여를 보낸 프리모레비의 처절한 증언을 연상시키는, 체험을 기록으로 남겨야 한다는 책임감이 곳곳에서 엿보인다. 그곳을 나갈 수 있는 유일한 길은 화장장의 굴뚝을 통하는 것뿐이었다고 담담히 말하는 저자의 목소리는 그렇지만 잠겨 있다.

'초콜릿 바'는 종전 후 난민 수용소에서 벌어진 사건을 코믹하게 형상화하고 있는데, 가벼운 문장 저 아래에는 어김없이 조국의 오늘을 냉철히 가늠하는 역사의식이 자리 잡고 있다. 독일군이 물러간 자리에 소련군이 들이닥치고, '걸어서' 횡단한 유럽땅 난민수용소에서 다시 미군을 만난다. 눈물이 차오르고 목구멍이 죄어드는 것은 주인공 카트루시아뿐이 아니다. 50여 년 전 이 땅, 역시 미군에게서 받아든 추잉검이 생각나는 시간이었다.

부모님을 도와 상점을 보면서 겪었던 일화를 무겁지 않게 풀어낸 '거래'는 민속적인 터치에 군더더기 없는 간결한 문장이 눈에 띈다. 굽기 위해서가 아니라 가슴의 암덩이에 붙이기위해 매주 스테이크용 쇠고기를 사가는 혼차르 부인, 헤이즐넛, 피칸, 개암 매대를 차례로 지나 땅콩 자루 속에 손을 넣었다가 어깨를 숄로 감싸고 상점을 나가는 쿠즈마 부인, 그리고 입가에 코담배즙을 묻힌 채 해적의 낯을 연상시키는 유선형 칼로 바나나를 자르는 마이크… 마지막 반전의 순간에 찾아오는 카타르시스!

'한여름날의 무지개'는 한 편의 전원교향곡 같다. 읽는 이를 평화롭고 방대한 캐나다의 농장 지대로 데려간다. 때는 건초를 베는 날, 별채의 부엌 앞마당에는 막 잡은 닭들이 들통 너머로 목을 드리우고, 드넓은 텃밭에선 채소와 과일이 풍요롭게 익어가고, 파리떼가 한가롭게 윙윙거리며, 시원한 샘물이 타는 갈증을 풀어준다. 이윽고 하루의 일을 끝내고 단풍나무 아래 느긋하게 앉아 개구리 소리를 들으며 맥주를 마시면, "무지개 너머 저 어디메엔 파랑새가 난다."

"치스타 코메디아!" '묘지 옮기기'는 영화 「나의 그리스식 웨딩」을 연상시키는, '캐나다에서 우크라이나 친척의 묘지 옮기기'를 코믹하고 사실적으로 그려낸 작품이다. 토론토의 한 묘지에서 다른 묘지로 한 친지의 오래된 묘지를 이장하면서 벌어지는 사건을 중심으로 이장을 집행하는 당사자, 보건 위생부 직원, 사제, 묘지 일꾼들이 좌충우돌, 시끌벅적, 와자지껄 한 편의 코미디를 선사한다. 가족문화, 장례문화의 일단도 엿볼 수 있다.

'키예프의 촛불들'은 몇 가지 점에서 우리의 현실을 돌아보게 한다. 키예프의 마이단 광장 전체를 뒤덮은 수백만 촛불의 부드러운 빛과 수백만이 부르는 자유의 합창이 아니더라도, 뉴스를 통해 토막토막 들어온 우크라이나 정치 상황에 대한 안타까움이 아니더라도. 어디를 가면 가장 맛있는 피자를 먹을 수 있는지, 최근 리얼리티 프로그램에서는 어떤 일이 벌어지고 있는지 정도에만 관심이 있었던 한 캐나다 소년이 '멍청한 보헝크'의 후예로 인해 자신의 무지에, 정치적 참여의 중요성에 눈뜨게 되는 과정도 흥미롭다.

이 책을 읽기 전까지 나는 모르고 있었다. 우크라이나 국기가 하늘색과 노란색의 세련된 조화를 보이고 있고, 러시안 수프로 알려져 있는 보르쉬트가 실은 우크라이나의 전통 음식이며, 체홉과 푸쉬킨의 도시로만 알고 있던 오데사가 사실은 우크라이나의 해안에 자리잡고 있고, 이 책의 원제(Kobzar's Children)에 나오는 '콥자르Kobzar'가 작가 이름이 아니라 우크라이나어로 '음유시인'을 뜻하는 일반명사라는 것을. 나아가 그 국기의 하늘색이 하늘을, 노란 색이 밀을 상징하고, 곡창 지대인 그곳 들판엔 붉은 양귀비꽃 '마키'와 황금빛 해바라기 '소냐쉬니키'가 넘실거리고 있다는 것을.

이제 나는 안다. 우크라이나의 국민 작가 타라스 스브첸코가 소련의 박해로 오랫동안 고통을 겪었으며, 체르노빌 사고와 그 부실한 처리에 대한 불만이 우크라이나 민족주의에 더해져 독립운동이 재점화되었고, 그 과정에서 키에프의 작가연합이 정신적 지주 역할을 했다는 것을. 문명의 시대라는 20세기에 스탈린 치하에서 자행된 기아 학살로 아이들을 포함한 수많은 우크라이나인들이 죽었고, 인류의 양심은 오랫동안 그 일에 눈감고 있었으며, 11월의 네번째 토요일이 그들에게 아픈 의미가 있는 날이며, 오렌지 혁명으로 대변되는 우크라이나 정치 개혁에 해외의 우크라이나인들이 적극적으로 참여했다는 것을.

출판사에서 보내온 책을 읽어나가면서 나는 투박하고 울퉁불퉁한 문장들 속에 뜨겁게 꿈틀거리는 어떤 힘을 느낄 수 있었다. 이 콥자르의 후예들이 구사하는 영어는 우크라이나의 정신이 속속들이 침윤된 이중적인 언어였던 셈이다. 그러니까 이 책에 실린 글들이 가진 힘이 문장 너머에서 내게 말 걸어 왔던 것이다. 그리고 그 힘은 나로 하여금 이 책을 끝까지 읽고 권하고 번역하게까지 만들었다.

세계 문학이든 아프리칸-아메리칸 문학이든 이민 문학이든, 제1세계든 제3세계든, 리얼리즘이든 민중주의든 아는 만큼 보일 뿐임은 분명하지만 중요한 것은 마음으로 전달되니 이 또한 얼마나 다행인가. 이 소박한 책에는 함량으로 치자면 보통 책의 수십 배에 달하는 진정성이 담겨 있다. 이 책을 펴낸 마샤 스크리푸치의 말에 따르면, 한 세기 동안 묻어둔 가슴 속의 이야기가 가만히 터져 나와, 읽는 이의 머리가 아닌 가슴을 파고든다. 나만이 내가 아니라, 우리 모두가 큰 '나'로서 같은 지구별의 주민이라는 사실, 고통스럽고 아름다운 이야기를 품은 존재라는 사실을 환기시켜준다.

서재 모퉁이

ⓒ이동섭

말하다가 삼천포로 빠지기,
일하다가 엉뚱한 책 읽기.
찾아볼 게 있어서 책꽂이를 뒤적이다가
화집을 집어 들게 되면
그날 일은 그걸로 끝이다.

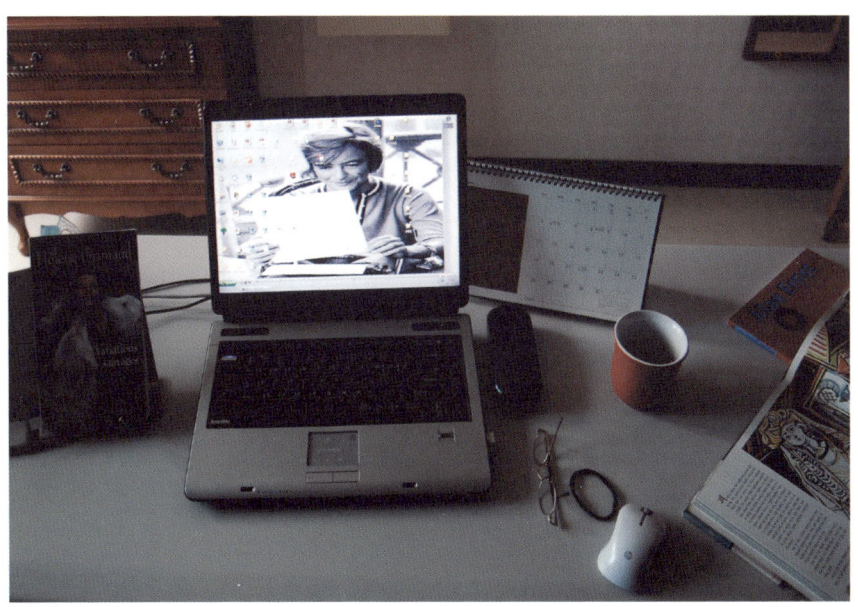
ⓒ이동섭

"마세라티인가 람보르기니인가를 타고 미친 듯이 질주하다 차가 뒤집혀 3일 동안 코마에 빠져 있다 깨어난 이 여자. 그때의 상처가 한쪽 뺨에 남은 채 타이프라이터 앞에 앉아 있는 그녀의 사진은 한동안 내 노트북의 바탕화면으로 쓰였다. 그 사진에서 그녀는 단순하고 호화로운 팔찌를 하고 샤넬 니트 수트를 아무렇지도 않게 걸쳐 입고 손에는 담배를 든 채 미소를 띠고 있다."

ⓒ이동섭

모차르트 평전을 번역하면서 제일 많이 들은 건
클라라 하스킬의 LP였다.
반백의 피아니스트가 치는 모차르트가 어찌나 투명했던지!

ⓒ이동섭

"두꺼운 외투를 입고 시가를 문 겨울 사진에서부터 플레이아드 총서의 띠지에 들어간 손톱만한 얼굴 등 몇 장의 카뮈 사진을 갖고 있지만, 가장 좋아하는 건 바로 이것, 비스듬한 조명 아래서 긴 두상과 부드럽고 예리한 눈빛, 반듯한 콧날이 돋보이는 이 사진이다. 이 틀에 넣어져 나와 함께 한 세월이 20년이 넘었다."

ⓒ이동섭

언젠가 나를 만든, 내가 읽은 책들에 대해 쓰고 싶다.
세월의 무게를 견디고 내 곁에 있어준 책 이상의 책들,
그중에는 루이 알튀세르, 에드먼드 윌슨, 마가렛 미드,
화이트 헤드, 자크 모노, 테리 이글턴, 김우창도 있다.

ⓒ이동섭

Bibliothèque à la Française d'une Traductrice Coréenne
par Namju Kim
©Namju Kim 2013

Chapitre 1
L'amour, c'est l'addiction sacrée et fatale?

'Fin' pour reveiller, comme un feu rouge dans la tête
    Aimez-vous Brahms..., Françoise Sagan

Soi et l'autre, Paradis violé
    Les Catilinaires, Amélie Nothomb

S'il m'appelle par mon cher prénom
    Robert des Noms Propres, Amélie Nothomb

Volupté, calculer et prise
    Et Mon Coeur Transparent, Véronique Ovaldé

Autre version Française de 'Ghost'
    L'Empyrée, Anne Grospiron

Trans-americanism à Manhattan
    Under the Mosquito Net, Elisabeth Dunkel

Chapitre 2
La littérature, au delà de 'maintenant et ici'

Le monde recréé, et faire son signification inoubliable
    La Peste.La Chute, Albert Camus
    L'Etranger.La Mort Heureuse.L'Exil et le Royaume, Albert Camus

Quand une paysage se change par des blessures
    Les Oiseaux Vont Mourir au Pérou, Romain Gary

Un livre, récompense de mes douleurs
    Pseudo, Emile Ajar

Vieillir et mourir, l'amour et la langue
    L'Angoisse du Roi Salomon, Emile Ajar

Rencontre l'authenticité de la littérature par ses considération et lucidité
Réflexions sur Quelques Écrivains, Jean Grenier

A la recherche du temps perdu, encore une fois
Ce que la Nuit Raconte au Jour, Hector Bianciotti
Le Pas si Lent de l'Amour, Hector Bianciotti

Le soir n'est pas la fin d'un jour
The Remains of the Day, Kazuo Ishiguro, traduit par Eunkyung Song

En ce qui concerne la différence des 'c'était' et 'ça pouvait être'
Never Let Me Go, Kazuo Ishiguro

Pas très brillant mais éclatant, tout répétant mais vraiment beau à un moment
Nocturnes: Five Stories of Music and Nightfall, Kazuo Ishiguro

Chercher l'enchaînement des causes et des effets par des interlignes plutôt que des phrases
A Pale View of Hills, Kazuo Ishiguro

Il commence à raconter son histoire dans une petite chambre d'un hôtel à Paris
Les Échelles du Levant, Amin Maalouf

Pourquoi des lumière de clusters d'etoiles de Cocon qui étaient distancés 4,000 années-lumières, sont toujours présents?
Pars Vite et Reviens Tard, Fred Vargas

Disséquer 'l'homme' rigoureusement par un plume
Disparue dans la Nuit, Yann Queffélec

Chapitre 3
Adresser au 'petit Nicolas' dans mon être

Voir par le coeur, pas par les yeux
    Le Petit Prince, Antoine de Saint-Exupéry

Larmes éclatantes dans les rires
    Il a Jamais Tué Personne, Mon Papa, Jean-Louis Fournier

Devant la paternité imparfaite qu'il faut surmonter
    J'irai Pas en Enfer, Jean-Louis Fournier

Pour ne pas manger l'autre dans le jungle de capitalisme
    Les Ogres Anonymes, Pascal Bruckner

Respiration artificielle à distance contre l'éducation didactique
    35kilos d'Espoir, Anna Gavalda

L'histoire du lit magique pour la rêve
    Collected Children's Stories, The Bed Book, Sylvia Plath

Chapitre 4
Peinture, musique et personnes envoûtants

Un moyen pour comprendre bien l'art moderne
    Picasso, Créateur: la Vie Intime et l'Oeuvre, Pierre Daix

Vous pouvez le redouter, mais vous ne pouvez pas l'ignorer
    Dali, Robert Radford

Une pomme qui casse l'art traditionnelle, et St. Victoire qui se transfigure
    Cézanne et Zola se Rencontrent, Raymond Jean

Un petit livre assez subjectif, mais passionnant et touchant
    Confessions of an Art Addict, Peggy Guggenheim

La musique, l'interprétation du temps retourné
    Leçons Particulières, Hélène Grimaud

Plus libre qu'une biographie, plus profond qu'une appréciation
    Mystérieux Mozart, Philippe Sollers

Chapitre 5
Même si l'on marche à l'aventure

L'essai écologique avec la pathéisme saine
    Les Vraies Richesses, Jean Giono

Néanmoins, c'est le pays qui a Noam Chomsky et Howard Zinn
    Une Amérique qui Fait Peur, Edward Behr

Ce qu'il a vu sur l'eau dans sa cuvette de cuivre était vrai
    Nostradamus: Nouvelles Prophéties, Jean-Charles de Fontbrune

Augmenter la dose de l'humanité totale par l'effort d'un seul homme
    Gandhi's Health Guide, Mohandas K. Gandhi

Le recueil des histoires vécus, plus littéraire que la littérature établie
    Kobzar's Children, Marsha Skrypuch

나의
프랑스식
서재

© 김남주

| 초판 1쇄 발행 2013년 6월 7일
| 초판 6쇄 발행 2020년 9월 11일

| 지은이 김남주

| 편집 고미영 이채연 | 본문 사진 및 디자인 김이정
| 마케팅 백윤진 이지민 송승헌 | 홍보 김희숙 김상만 지문희 우상희 김현지
| 제작 강신은 김동욱 임현식 | 제작처 더블비(인쇄) 중앙제책사(제본)

| 펴낸이 고미영
| 펴낸곳 (주)이봄
| 출판등록 2014년 7월 6일 제406-2014-000064호
| 주소 10881 경기도 파주시 회동길 455-3
| 전자우편 yibom@yibombook.com | 팩스 031-955-8855
| 문의전화 031-955-9981

ISBN 978-89-546-2057-4 03810

이 책의 판권은 지은이와 (주)이봄에 있습니다.
이 책의 내용의 전부 또는 일부를 재사용하려면 반드시 양측의 서면 동의를 받아야 합니다.
이봄은 (주)문학동네의 계열사입니다.

이 도서의 국립중앙도서관 출판예정도서목록(CIP)은 서지정보유통지원시스템
홈페이지(http://seoji.nl.go.kr)와 국가자료공동목록시스템(http://www.nl.go.kr/kolisnet)에서
이용하실 수 있습니다.(CIP제어번호: CIP2013006109)

springtenten   yibom_publishers